Christiane Schwarze

Losgehen und Möglichkeiten atmen

Mauer Verlag
Wilfried Kriese
72108 Rottenburg a/N
Buchgestaltung: Wilfried Kriese
Titelbild: © Christiane Schwarze
2013
ISBN 978-3-86812-316-6

Erstveröffentlichung
im Mauer Verlag 2003

www.mauerverlag.de

MIX
Papier aus verantwortungsvollen Quellen
Paper from responsible sources
FSC® C105338
FSC
www.fsc.org

Inhalt

Mit diesem Buch halten Sie erst die eine Hälfte eines literarisch-musikalischen Gesamtkunstwerkes in Ihren Händen. Hinter der zweiten Hälfte verbirgt sich eine gleichnamige CD.
Beides zusammen spiegelt einen Ausschnitt der künstlerischen Zusammenarbeit der Schriftstellerin Christiane Schwarze und der Komponistin und Musikerin Eva Batt wider, die mit ihrem Duo *TonSatz* musikalisch inszenierte Lesungen darbieten.

Auf der CD finden sich Musikstücke, die Eva Batt explizit zu ausgewählten Texten komponierte bzw. zu denen Christiane Schwarze Textassoziationen geschrieben hat.
Zusätzlich zu den Instrumentalstücken an Piano, E-Bass und Congas werden auch Lieder zu Gehör gebracht sowie gemeinsam vorgetragene Text-Musik-Assoziationen.

Im vorliegenden Buch wird deshalb auf die entsprechenden Werke verwiesen, die sich aufeinander beziehen. *
Auch im Booklet der CD wird auf die Texte im Buch Bezug genommen. Außerdem befinden sich dort die Texte der Lieder.

Obwohl Buch und CD also ein gemeinsames, sich aufeinander beziehendes Kunstwerk darstellen, sind sie jeweils einzeln erhältlich. Wer aber Ton und Satz vereint genießen möchte, sollte sich beide Elemente gönnen.

*Im Buch befinden sich zusätzlich auch ausgewählte Textassoziationen von Christiane Schwarze, die sich auf Kompositionen beziehen, die bereits auf der TonSatz-CD *Als Wir Uns Trafen* veröffentlicht wurden
(Mauer Verlag, Rottenburg a/N, ISBN 3-935121-80-6).

Lebens-Zeit

Wenn zwischen
Ankommen und Weitergehen
die Zeit sich müde
an die Wand lehnt,
wirkt ihr Gesicht gealtert.

Wenn meine Schritte
der Zeit erlauben,
aus der Hast herauszuschlendern,
verlangsamt sie
ihr Vergehen.

Wenn ich
die Zeit freilasse,
schenkt sie mir dafür
mein Leben zurück.

* Siehe TonSatz-CD *Losgehen und Möglichkeiten atmen*
Nr. 11 *Lebens-Zeit* Textassoziation zur Musik

Sturmgefällt strecken
Wurzeln Zweige gen Himmel.
Windgesang in mir.

Immer neue Verwirrungen

Ich hetze
Gedankenstraßen entlang,
jage nach Erkenntnis.

Wo ist die Antwort,
vor allem aber,
wie lautet die
Frage?

*Siehe TonSatz-CD *Als Wir Uns Trafen*
Nr. 4 *Innenblau* Textassoziation zur Musik

Bilderbuch

Er blickte hoch und streckte ihr das Buch entgegen.
Ihre Augen verengten sich, und die Lippen pressten sich fest aufeinander.
„Nein“, dachte sie. „Ich will das alles nicht schon wieder vorlesen!“
Aber so stimmte es eigentlich gar nicht.
Sie mochte es ihm sogar gerne zeigen, dieses Bilderbuch.
So oft er nur wollte.
Wenn er bloß nicht immer die gleichen Fragen dabei stellen würde.
„Darf ich auch irgendwann Eisenbahn fahren? Darf ich auch mal so reiten wie Joe?“
Sie hatte das Gefühl, dass sie es falsch machte, gleichgültig, wie sie es machte.
Manchmal blätterte sie die Seiten um und las die Geschichte einfach weiter vor, als ob nichts geschehen wäre.
„Joe klopft einen Pfahl ein, damit er sein Pferd Lucy anbinden kann.“
Aber dann starrte das Kind sie wütend an.
„Du antwortest ja gar nicht. Sag’s mir. Sag, dass ich auch irgendwann Eisenbahn fahren darf.“
Wäre es besser, wenn sie lügen würde?
Andere Mütter taten das. Die Augen der Kinder glänzten dann.
Sie strich sacht über sein Haar.
„Sag mir, ob sie das Tier totkriegen.“
Sie blickte ihn an und verstand nicht, wovon er sprach.
„Welches Tier?“
„Es lebt eigentlich im Wasser, und manchmal spülen es die Wellen an den Strand.
Bestimmt ist es nur in mich gekrabbelt, weil es sich verirrt hat. Die Ärzte sollen es rausoperieren und zum Meer zurücktragen.“

Wie kam der Junge denn auf solche Ideen? Vielleicht hätten sie dem Kind die Krankheit noch besser erklären müssen.
Er lächelte sie bittend an: „Wenn ich wieder laufen kann, gehst du dann mit mir zu den Pferden? Ich kann doch irgendwann wieder laufen – oder?"
Er packte das Bilderbuch und warf es trotzig aus dem Bett. Die Kanülen drohten aus seiner Armvene herauszureißen.
„Sag's mir endlich. Darf ich auch mal so reiten wie Joe?"

Sabine

„Blind! Das ist doch für alle Beteiligten eine Zumutung. Die Nachbarn werden mit dem Finger darauf zeigen. Es ist den Leuten unangenehm, wenn sie einem nicht in die Augen sehen können. Sie sollten dem Kind dieses Leiden ersparen und sich selbst auch."

Sie hätte nicht erklären können, was ihr damals den Mut gab, Prof. Weiß einfach stehen zu lassen und zu gehen.

Aber es gab etwas, das sie seit einundzwanzig Jahren unverändert bedauerte.

Sie hätte ihm ins Gesicht sagen sollen, dass sie sich auf ihr Kind freute.

Wenn ihre Tochter in den Semesterferien nach Hause käme, könnten sie gemeinsam zu der Klinik fahren. Dort würde sie dem Arzt dann Sabine vorstellen.

Es war ihr bewusst, dass es eine Illusion wäre, sich zu wünschen, der Herr Professor werde daraufhin seine damalige Beratung hinterfragen.

Aber sie hoffte, dass sie den Mut aufbringen würde, ihm nachträglich eine kräftige Ohrfeige dafür zu geben.

Dazwischen

Die Zeit lief seitlich aus dem gesprungenen Uhrglas.
Sekunden tropften wie Baumharz, und die Frau blieb darin hängen.
Manchmal flüsterte jemand, und dann durchlief ihren Leib ein Schmerz.
Ein anderes Murmeln nahm ihr den Körper weg.
Es gab Sätze, die herüberschwappten, aber keine Möglichkeit, zu widersprechen.
Manchmal klickte es leise, und sie vermochte nicht mehr zu atmen.
Wenn sie den Rand der Todesangst hinabstürzte, klickte es erneut, und der Atem kehrte zurück.
Einer schnitt in den Körper hinein.
Es gab welche, die dagegen waren, ein Stimmenstreit darüber.
Er sagte: „Solange die Frau im Koma liegt, merkt sie nichts davon.“

Der ausgetrocknete Fluss

Die Frau sitzt auf der Bank. Vor ihr staubt das ausgetrocknete Flussbett. Kiesel bieten an, sich in ihre Hand zu schmiegen.
Sie erinnert sich an eine Zeit, in der hier Fische nach Mücken schnappten.
Die Quellen des Berges versiegten nach und nach. Allein die Hitze blieb.
Was gab es hier noch? Libellen, Kaulquappen, Schilf. Manchmal transportierte jemand mit einem Ruderboot etwas auf die andere Seite, weil es keine Brücke gab.
All das weiß sie noch ganz genau, darum berichtet sie es den Dreien, die mit ihr gemeinsam essen. Jeden Tag zählt sie auf: „Libellen, Kaulquappen, Schilf, keine Brücke." Und täglich möchte sie von ihren Tischnachbarn wissen, wie sie heißen.
Die Frau starrt auf die trockenen Steine, aber die verraten es ihr nicht.
Es gibt so viele Namen. Früher gab es noch viel mehr davon. Vielleicht hat sie das Wasser damals mit davongetragen.
Was immer die anderen erzählen wird in ihrem Kopf zu Staub. Alle Namen und alle Geschichten.

Manchmal findet sie von der Bank nicht zurück zu dem Haus, in dem der Tisch steht, an dem sie isst. In diesem Gebäude gibt es ein Bett, in das sie sich manchmal legen darf und manchmal nicht. Am liebsten würde sie nie mehr aufstehen. Sie ist müde. Aber die Frauen, deren Namen sie sich gut merken kann, weil sie alle *Schwester* heißen, verbieten ihr, liegen zu bleiben.
Der Mann mit dem weißen Hemd und der weißen Hose fragt immer, welcher Wochentag heute ist. Warum will er das wissen? Sie verrät ihm lieber, dass es hier einst Libellen, Kaulquappen und Schilf gab.

Er ist ein freundlicher Mensch, obwohl er von Dingen spricht, die es nie am Fluss gab: Transmitter und Synapsen.
Sie lächelt dann zurück, und er sagt, dass ihre Gedächtnisfähigkeit nachlässt, weil Botenstoffe durch einen Spalt transportiert werden müssen. Sie stellt sich dabei Ruderboote vor. Er nickt dann und sagt „Ja, so ähnlich".
Das kann sie sich merken, denn natürlich kann niemand Brücken in ihrem Kopf bauen.

Pflege

Wie könnte ich
statt danke
NEIN
sagen?

Ich,
ganz in mir verborgen,
fühle vorbei
an Händen,
die mich berühren.

Fremde Augen
lassen den Blick
von dem gereinigten Körper
auf die Uhr
gleiten.

Wie könnte ich
statt danke
NEIN
sagen?

Die bloßgelegte Haut
wieder umhüllt.
Mein Atem
strömt zurück
in die Tiefe.

Wie könnte ich
statt danke
NEIN
sagen?

Was es kostet

Körper waschen,
Haare kämmen,
Zähne putzen,
Nägel schneiden.

Was es kostet.
Körper beweglich halten,
Schuhe,
Tabletten.

Was es kostet,
dass wir
leben,
wird täglich
berechnet.

Alte neue Stimmen
flüstern
„Müll zu Müll“,
und eine Humanmedizin
plädiert dafür,
uns vor der Unerträglichkeit
unseres Seins
zu bewahren.

* Siehe TonSatz-CD *Losgehen und Möglichkeiten atmen*
Nr. 2 *Was es kostet* – Musikalisch-lyrische Performance

Wachsen

Heute
wünsche ich mir
eine
andere Perspektive.

Die Wiederholung,
das Vorhersehbare
klemmt mich ein,
schraubt mich fest
in dem Bild,
wer ich sei.

Eingemeißelt
in mein Gesicht,
Spuren
sich aneinanderreihender
Gesterntage.

Umstürzen werde ich alles,
was mich glauben machen will,
mein Platz
sei der am Rande.

Neu erfinden
will ich mich
und in der Wandlung
fühlen,
wie ich mir
entgegenwachse.

* Siehe TonSatz-CD *Losgehen und Möglichkeiten atmen*
Nr. 7 *Wie ich mir entgegenwachse* – Komposition zum Text

Blues

Die Reha-Klinik befand sich auf der Kuppe eines Hügels. Die Befürchtungen von Bekannten, in solchen Einrichtungen könne das Personal unfreundlich oder der Speiseplan eintönig sein, trafen in keiner Weise zu. Da das zweite Bett mit einer Schlaganfallpatientin belegt war, die meistens nur still und in sich gekehrt auf ihrem Bett saß, gab nicht einmal eine störende Zimmergenossin Anlass zur Klage.

Deshalb lobte sie ihren Freundinnen gegenüber auf Postkarten all das Gute, was den Genesungsbedürftigen an diesem Ort zuteilwurde. Diese Form der Mitteilung ermöglichte es ihr, mit munteren Worten zu schweigen.

Wie hätte sie ihnen auch das Fehlen einer Zukunftsperspektive erklären sollen?

Im Speisesaal wurde Irmgard einmal gefragt, ob sie sich mit der stillen Afroamerikanerin im Zimmer nicht zu Tode langweilen würde. Sie schüttelte nur den Kopf und behielt für sich, dass sie heilfroh war, mit keiner redseligen Person vier Wände teilen zu müssen.

An diesem Morgen zwitscherten die Vögel lauthals, das Licht wirkte heller.

Bisher hatte sie sich stets geweigert, an den Spaziergängen der anderen Patienten teilzunehmen und noch keinen Fuß in das Grün des nahe gelegenen Naturschutzgebietes gesetzt. Warum sie plötzlich die Jacke anzog und den gewundenen Weg bis zu der kleinen Stadt lief, hätte sie selbst nicht begründen können.

Doch als sie dort ankam, freute sie sich über die aufgebauten Trödelmarkt-Stände. Neugierig stöberte sie zwischen Porzellantassen, Büchern und alten Modelleisenbahnen herum.

Eine Schallplattensammlung ließ sie die Umstände ihres Aufenthaltes gänzlich vergessen. Vertieft betrachtete sie die Hüllen. Bekannte Popgruppen wechselten ab mit Werken von Beethoven und

Brahms. Plötzlich hielt sie inne und starrte auf eine der Abbildungen. Das Gesicht der Frau am Piano schien sie anzulächeln. *Katie – Texas Boogie Queen.*
Warum nur glaubte sie, dieser Frau irgendwo einmal begegnet zu sein?
„Haben Sie Katie auch mal live erlebt?"
Ein junger Mann strahlte sie an.
„Nein."
„Schade, wer es nicht selbst gehört hat, kann kaum glauben, wie stimmgewaltig sie war. Und wie vielseitig sie spielte. Jazz, Blues, Gospel, ach und noch alles Mögliche. Jedenfalls Lebensfreude und Energie pur!"
Bedauernd zuckte er die Achseln.
„Ist sie gestorben?"
„Nein, aber sie hatte einen Schlaganfall. Alle Auftritte wurden abgesagt."
Irmgard erwarb die Platte und eilte in die Klinik zurück.
Vor der Tür hielt sie kurz inne und betrachtete nochmals das Foto. Als sie eintrat, bot sich ihr das gewohnte Bild. Schweigend blickte die Zimmergenossin aus dem Fenster, der rechte Arm hing schlaff herab.

Am nächsten Tag suchte Irmgard das Pfarramt des Städtchens auf.
„Boogie statt Bach?" Der Priester schüttelte missbilligend den Kopf. Wütend erinnerte sie sich an ihre eigenen Unterrichtsstunden. Sie hatte sich anfangs nichts anderes gewünscht, als einzelne Töne anzuschlagen. Mit geschlossenen Augen wollte sie dem Nachhall lauschen. Wieso verlangte der Lehrer, die Klänge hastig und atemlos aus dem Instrument zu prügeln? Ihre Finger hatten noch längst nicht genug das glatte Elfenbein getastet. Wenn der Schall der tiefen Töne sich langsam im Bauch des Pianos ausbreitete, durchdrangen die Wellen auch ihren Körper, als seien sie eine

Zweiheit. Warum unterbrach er die Vereinigung und verlangte die treffsichere Wiedergabe der Musik von Perückenträgern, die vor Fürsten und Bischöfen zu Kreuze gekrochen waren? Jahrein, jahraus sollte sie Noten wiederholen, die andere vor Jahrhunderten in Linien gezwungen hatten.
In ihrem eigenen Kopf befand sich doch der geschwungene Schlüssel, und in der Stille hörte ihr Ohr statt Bachpräludien genau die Melodien, denen sie folgen wollte und musste.

Ihr zweiter Versuch stand unter einem besseren Stern.
Der Musikschulleiter zeigte für ihr Anliegen Verständnis und erlaubte, außerhalb der Unterrichtszeiten das Instrument im Konzertsaal zu benutzen.
Sie war gespannt, was ihre Mitpatientin von der Idee halten würde.
„Mir hängen Bach und Mozart zum Hals heraus. Bitte geben Sie mir doch ein paar Stunden Unterricht."
„Woher wissen Sie überhaupt ..."
Irmgard zog die Platte aus der Einkaufstüte.
Katie strich liebevoll über das Abbild des schwarzen Flügels.

Am nächsten Tag saßen sie gemeinsam im Konzertsaal der Musikschule vor dem Piano.
Die gesunde linke Hand der Künstlerin fand wie von allein den Weg zu den Tasten.
Ihre Finger liebkosten zart die weißen Felder und tippten sacht auf die schwarzen Zwischentöne.
Dann begann sie von der Verschleppung ihrer afrikanischen Vorfahren zu erzählen.
Sie spielte einige Akkorde und begann leise eine Liedstrophe zu singen.
„Sehen Sie etwas?"
„Baumwollfelder. Gebeugte Rücken."

Katie nickte.
„Erzählen Sie die Bilder auf Ihre Weise."
Als das Spiel der Schülerin endete, lächelte sie.
„Haben Sie Musik studiert?"
Irmgard blickte aus dem Fenster.
„Sind Sie auch zu krank, um weiterzumachen?"
„Ich habe damals kurz vor der Prüfung das Studium abgebrochen und einen handfesten Beruf gelernt. Den kann ich nun aber nicht mehr ausüben."
„Warum haben Sie mich um Unterricht gebeten, den Sie überhaupt nicht brauchen?"
„Ich dachte, wenn Sie an einem Flügel säßen, würde es Sie vielleicht ermutigen, wieder Fingerübungen zu machen."
Katie steckte sich verbotenerweise eine Zigarette an und schwieg.
„Der Arm bleibt unwiderruflich gelähmt?"
Die Künstlerin blies den Rauch als Kringel in die Luft.
„Singen Sie mir etwas vor?"
Die Boogie-Queen erhob sich, und ihre resonanzreiche tiefe Stimme füllte den leeren Saal.
Ohne nachzudenken fanden Irmgards Finger die Töne, und Katie stimmte ein neues Lied an und noch eins – und plötzlich wussten sie beide ohne Absprache, was sie tun würden.

* Siehe TonSatz-CD *Losgehen und Möglichkeiten atmen*
Nr. 18 *Für Katie W.* – Komposition zum Text

Anmerkung der Autorin:
Blues schrieb ich zu Ehren von *Katie Webster*. Der Inhalt ist frei erfunden.

Sommer

Mit kurzen Hosen an einem Straßencafé vorbeischlendern.
Gäste bedecken meine Beine mit Blicken.
Eine zweite Haut soll im Verborgenen bleiben.
Nase, Ohr, Mund dürfen Gesicht zeigen.
Sie blieben unversehrt.

Du schaust mich an wie eine, die findet, dass die Sonne mir zusteht.
Als ob ich, so wie ich bin, schön sei.

Tonerde

Natürlich war es strengstens verboten, hier zu sein. Aber wenn es einen Platz gab, den sie liebte, dann diesen. Einerseits lag es an der Stille, niemand schrie, nicht mal Erwin brabbelte unverständliche Wortfetzen. Was diesen Ort aber noch wunderbarer machte als die Parkanlage mit dem Entenweiher, war die Tonerde. Den Weg zu der Stelle verriet Edda niemandem, so konnte sie sich einbilden, den Schatz alleine zu besitzen.

Ihre besondere Fähigkeit, Figuren zu formen, mochte sogar den letzten Ausschlag gegeben haben, als der Arzt ihr schließlich eingeschränkten Ausgang erlaubte. Er deutete das Töpfern als Hinweis auf therapeutische Fortschritte.
Vor zwei Jahren gab es dann allerdings folgenreichen Streit deswegen. Ein Professor, der die Einrichtung inspizierte, behauptete, niemals könne eine geistig Behinderte Kunstwerke von solcher Schönheit erschaffen. Er bezichtigte den Leiter, Herrn Roth, auf unlautere Weise Fördermittel erschleichen zu wollen.
Als daraufhin die Heiminsassin vor einem neunköpfigen Expertengremium den Beweis antreten sollte, entstand unter ihren zitternden Händen weder eine Frauenskulptur noch ein tönerner Torso. Nicht einmal eine schlichte Tierfigur konnte als Ergebnis vorgewiesen werden. Die Fachleute verließen kopfschüttelnd den Raum. Nach dieser Blamage würdigte Herr Roth Edda keines Wortes mehr.
Allein blieb sie am Tisch zurück und weinte, bis alles vor ihren Augen verschwamm. Die lehmig-verschmierten Hände fanden wie von alleine die richtigen Bewegungen. Ohne hinzusehen entstand eine kunstvollere Plastik als jemals zuvor.
Damit er ihr nicht mehr böse wäre, bot sie dem Leiter am Abend das Objekt als Geschenk dar. Doch statt sich versöhnt zu zeigen, schlug er mit der Faust so fest gegen ihre Hand, dass die Gabe zu

Boden fiel. Seitdem durfte sie nicht mehr an der wöchentlichen Kunsttherapiesitzung teilnehmen, und das bedeutete, kein Material zum Töpfern zu erhalten.
Hätte er zur Strafe wieder geschlossene Unterbringung angeordnet oder sie verprügelt, wäre der Schmerz unbedeutend gewesen, verglichen mit diesem.
Weinte sie anfänglich noch oft und hoffte, die Anordnung werde zurückgenommen, wurden die Tränen mit jedem verstrichenen Tag spärlicher und mit ihnen die Worte.

Das Wunder geschah, nachdem die Putzfrau an einem Dienstag schlechte Laune mitgebracht hatte. Erlaubte diese üblicherweise der schweigsamen Bewohnerin, im Raum sitzen zu bleiben, zeigte sie heute mit dem Finger in Richtung des Ganges. Bis zur Beendigung der Zimmerreinigung vor der Tür zu warten gehörte zu den Dingen, die Edda seit dem Tag der Strafe unmöglich erschienen. Jederzeit könnte Herr Roth den Gang hinabeilen, durch sie hindurchblicken, und seine Wut würde wie Rußpartikel in der Luft schweben.
So kam es einer Flucht gleich, als sie sich vom Gelände stahl und auch die von der Heimleitung erlaubten Spazierwege verließ.
Der ziellose Lauf endete jäh am Ufer eines Flusses. Erschöpft ließ sie sich nieder.
Ihre Finger spürten das Geheimnis zuerst auf. Das Abtasten des Untergrundes geschah vollkommen absichtslos, doch als ein tiefer Schauer des Wohlbefindens ihren ganzen Körper durchströmte, begriff sie, genau an dieser Stelle lag das Wertvollste, was es auf der Welt gab: Tonerde.
Gewiss, keine Sehnsucht hätte größer sein können als die, ihre Hände mit der feuchten, formbaren Masse zu vereinigen. Doch die glückliche Entdeckerin gab dem Wunsch nicht nach, sondern erhob sich.
Auf dem Heimweg streckte sich ihr Rücken gerade wie nie zuvor.

Der zweite Punkt, der den Arzt damals bewogen hatte, das Privileg des begrenzten freien Ausganges zu gewähren, lag in Eddas Kooperationsbereitschaft begründet. Diese ermöglichte es seiner Meinung nach, die Patientin kontrolliert wieder in die Gemeinschaft einzugliedern. Selbige Bereitschaft zeigte sich für ihn insbesondere darin, dass es von ihrer Seite keinerlei Widerspruch gegenüber den Anordnungen des Betreuungspersonals gab. Ohne Murren kehrte die Insassin Schmutz und Laub von allen Wegen, zupfte Unkraut aus den Ritzen der Pflastersteine, schlug während der Musiktherapie auf die Triangel oder schälte in der Küche Kartoffeln für achtzig Personen. Was auch immer gefordert wurde, Edda erledigte es in der ihr eigenen langsamen Gründlichkeit.

Jenem Sachverhalt verdankte sie es auch, dass niemand ihre Abwesenheit registrierte. Das Personal des Hauses ging davon aus, die Bewohnerin verrichte Arbeiten im Garten oder Hof, der Betreuer der Außenanlagen vermutete das Umgekehrte.
Wann immer sich die Möglichkeit bot, schlich sie sich seit jenem Dienstag davon.

Pünktlichkeit galt neben der Ausführung aller Anordnungen als Maß, mit dem gewogen wurde, wem sich die Flügel des alarmgesicherten Tores öffneten.
Unpünktlichkeit oder Widerspruch waren hingegen gleichgesetzt mit Stille. Der elektrische Summer wurde nicht betätigt, die Tür zu Bäumen, Wind und Himmel blieb verschlossen.
Die einzelnen Facetten des Wochenplanes hatten sich im Laufe der Jahre in Eddas Gehirn implantiert.
Die sich stets wiederholenden Abläufe ersetzten – vergleichbar einem Virus, das seinen Code der Wirtszelle aufzwingt – den eigenen Lebensrhythmus der Heiminsassin durch den Pulsschlag der Einrichtung.
Dadurch versäumte sie es trotz der heimlichen Ausflüge kein ein-

ziges Mal, minutengenau zu den Mahlzeiten oder den vorgeschriebenen Aktivitäten zu erscheinen.

Auch wenn sie an Regentagen und erst recht in der Winterzeit keine Figuren am Flussufer formen konnte, empfand Edda höchstens ein gewisses Bedauern, niemals aber wirkliche Traurigkeit.

Zeit verging von Montag bis Montag und wieder Montag, sie hätte auch sagen können, von Sonntag bis Sonntag und wieder Sonntag – es spielte keine Rolle. Wichtig war allein die Gewissheit, dass sowohl Regentage als auch Wintermonate verstrichen und alles, was geschah, am Ende darin mündete, aus Erde ihre eigene Welt zu erschaffen und abzubilden.

Welchen Genuss bereitete es ihr an diesem Tag, die Statue, die sie beim letzten Besuch fertigte, nochmals betrachten zu können! Durch die unregelmäßige Sonnentrocknung bildeten sich zwar Risse, doch dies machte ihr weniger aus, als die Werke vom Regen aufgelöst vorzufinden.

Plötzlich drangen Stimmen an ihr Ohr. Ob man sie suchte?

Schnell verbarg sie sich im Böschungsgesträuch.

Nein, auf der anderen Flussseite spielten nur zwei Leute Fangen. Eine Frau lief voran, ein Mann folgte.

Jetzt erst erkannte die versteckte Beobachterin, dass es sich bei der Frau um ihre ehemalige Lehrerin handelte. Keinen Menschen hatte Edda je so in ihr Herz geschlossen.

Vielleicht lag es daran, wie Frau Keller ihr damals alle Dinge erklärte. „Komm auf meinen Schoss", pflegte sie zu sagen, und während des Gespräches wiegte sie das Kind sacht in ihren Armen.

So geschah es auch, als das Mädchen wissen wollte, warum sie auf der Sonderschule sei, ihr Bruder hingegen im Gymnasium.

„Verspottet er dich deshalb?"

Als die Schülerin nickte, senkte die Lehrerin die Stimme.

„Sag, wer hilft fleißiger Zuhause mit, du oder er? Wer kann glattere Tonkugeln rollen, und wer hat das schönste Lächeln?" Ohne eine

Antwort abzuwarten, fuhr sie fort: „Ich verrate dir ein Geheimnis: Eine Sonderschule dürfen nur Menschen mit ganz besonderen Fähigkeiten besuchen. Rolf hat die Erlaubnis nicht bekommen, darum muss er auf das Gymnasium gehen. Dort lernen sie nur Sachen, mit denen man im richtigen Leben nichts anfangen kann. – Du darfst das aber nicht weitersagen. Versprichst du es?"
Ehrfürchtig flüsterte das Kind: „Komme ich sonst zur Strafe ins Gymnasium?"
Obwohl die Versuchung oft groß war, dem höhnenden Bruder die Wahrheit entgegenzuschleudern, behielt die kleine Edda doch immer dieses wichtige Wissen für sich.
Voller Stolz schritt sie seitdem über die Schwelle der Schule.

Der Mann auf der gegenüberliegenden Uferseite rückte dichter und dichter an die Verfolgte heran, schließlich bekam er sie am Arm zu fassen.
Edda vermisste das Auflachen. Wenn man gefangen wurde, lachten beide, nur dann war das Spiel richtig!
Unruhig begann ihr Oberkörper zu schaukeln.
„Es macht Spaß, es macht Spaß, es macht Spaß", stieß sie monoton hervor.
Dies waren die Worte ihres Bruders gewesen.
Gingen die Eltern beide außer Haus, erhielt er die Order, auf die jüngere Schwester aufzupassen.
„Lass uns Fangen spielen", befahl er.
In der Schule fand sie das Spiel lustig und lachte, wenn sie schließlich erwischt wurde.
Bei Rolf dagegen musste sie immer weinen. Er warf sie um und was geschah, tat weh.
Als das Mädchen einen immer verstörteren Eindruck machte, nahm die Lehrerin es erneut auf den Schoß. „Verspottet dich dein Bruder wieder?"
Die verworren gestammelten Bruchstücke, die das Kind nun be-

richtete, ließen Frau Kellers Augen vor Zorn glühen. „Du lässt dir das nie mehr gefallen, du bist stark und wirst dich gegen ihn wehren!“

Edda versuchte, dem Rat der Lehrerin nachzukommen. Doch obwohl sie sich mit Leibeskräften gegen Rolf wehrte, lachte der nur, und seine Augen flackerten noch gieriger als sonst.
Die Idee kam ihr während eines Fernsehfilmes über das Leben der Neandertaler.
Wurden diese von Raubtieren angegriffen, verteidigten sich die Urmenschen mit Keulen und Steinen.
Am nächsten Tag verlangte der Bruder erneut: „Wir spielen Fangen!“
Seinen Blick kannte sie inzwischen genau, und sie wusste, was ihr bevorstand.
„Er ist der Säbelzahntiger, ich muss ihn töten“, sprach sie zu sich selbst.
Rolf streckte die Hand aus, doch bevor er ihrer habhaft werden konnte, schlug sie einen Stein auf seinen Kopf. Blutend stürzte der Säbelzahntiger zu Boden.
Für das unberechenbare Mädchen wurde die Unterbringung in einer geschlossenen psychiatrischen Klinik angeordnet.

Jetzt erwischte der Verfolger die Lehrerin. Diese lachte nicht, sondern schrie.
In diesem Augenblick wusste Edda ganz sicher, dass es sich um Rolfs Fangenspiel handelte und nicht um das lustige aus der Schule.
Das Schreien ließ nach, die Hände des Mannes umkrallten den Hals der Gefangenen.
„Kleidung darf nicht nass werden, sonst erkältet man sich.“ Alle Heimbewohner lernten das. Schnell entledigte sich Edda deshalb ihres Pullovers, zog die Hose aus und durchschwamm den Fluss.

Unbemerkt kletterte die Schwimmerin auf der anderen Seite die Böschung empor. Der Mann war viel größer als sie selbst und ganz sicher noch stärker als Rolf.
Zwei Schläge mit einem schweren, vom Wasser glatt gespülten Stein bewirkten genau dasselbe wie damals. Der Verfolger sackte in sich zusammen.
Seine Hände lösten die Umklammerung, und die Befreite rang nach Luft.
Frau Keller starrte die nur mit Unterwäsche bekleidete Helferin ungläubig an.
Die aber drehte sich eilig um und kroch die Böschung hinunter.
„Ich muss ins Heim zurück, es ist Abendbrotzeit."
Die Lehrerin zitterte am ganzen Körper.
„Liebes Kind, zieh nachher die nassen Sachen aus und sag bloß keinem Menschen, dass du hier warst."

Das hätte Edda sowieso niemals getan. Sie wusste doch, welche Strafe darauf stand, Säbelzahntiger zu töten.
In der allerletzten Minute vor dem Gongschlag schaffte sie es gerade noch, pünktlich im Speisesaal zu erscheinen.
Nachts regnete es. Die am Ufer aufgereihten Tonfiguren lösten sich zu Erde auf.

* Siehe TonSatz-CD *Losgehen und Möglichkeiten atmen*
Nr. 3 *Tonerde* – Komposition zum Text

Unterschätzt nicht

unsere Macht,
nein
zu sagen.

Unterschätzt nicht
unsere Kraft,
am selben Tisch sitzen
zu wollen.

Die Zeit
der Brosamen
beginnt
abzulaufen.

Warum sollen wir
bitten
um das,
was uns zusteht?

Wir fordern
gleich viel Recht
für gleich viel Leben.

* Siehe TonSatz-CD *Losgehen und Möglichkeiten atmen*
Nr. 4 *Unterschätzt nicht* – Musikalisch-lyrische Performance

Machtlos gegen das Gutmeinen

Gerade sollten wir gerichtet werden.
Vom ersten Tag der Worte lernten wir,
was uns angeblich fehlte.

Schön –
war die Beschreibung,
die immer andere meinte.

Uns verbanden zwei Buchstaben.

ZU.

Zu langsam,
zu krumm,
zu steif,
zu schlaff,
zu kraftlos,
zu ungeschickt.

Wir haben uns für ein neues ZU entschieden.

Zu aufrührerisch,
zu querdenkend,
zu widerspenstig,
zu eigenwillig,
zu selbstbewusst,

um allen, die es noch nicht verstanden haben, zu sagen:
Wir sind genau richtig.

* Siehe TonSatz-CD *Losgehen und Möglichkeiten atmen*
Nr. 6 *Machtlos gegen das Gutmeinen* – Liedkomposition zum Text

Cornelius

„Sitz!“
Der Hund hielt im Lauf inne und schien zu zögern.
Die Frauenstimme wurde leise und scharf.
„Sitz!“
Der große Leonberger befolgte den Befehl.
Ein Mann hastete den Hügel hoch und schrie: „Komm, kommst du wohl!“
Das Tier rührte sich nicht.
„Ich hätte ihn an der Leine lassen sollen. Es ist mir unbegreiflich, Ihnen gehorcht das Vieh auf Anhieb.“
Als wolle der Vierbeiner die Worte bekräftigen, drückte er seinen Kopf an ihren Bauch.
„Wollen Sie ihn behalten?“
„Ich kann doch nicht einfach einen wildfremden Hund zu mir nehmen!“
„Wissen Sie, das Problem ist, ich kann ihm im Moment eigentlich kein richtiges Zuhause bieten.“
„Wo wohnen Sie denn?“
Er wand sich sichtlich.
„Bei meiner Mutter.“
Plötzlich hellte sich sein Gesicht auf.
„Wenn wir vielleicht übergangsweise bei Ihnen unterkommen könnten, würde ich uns eine eigene Wohnung suchen. Wissen Sie, meine Mutter lässt niemanden neben sich gelten. Deshalb kann mich Leo wahrscheinlich auch nicht respektieren.“
Gerda schüttelte den Kopf und ging.
Der Hund lief neben ihr her.
„Leo, du musst nach Hause.“
Sie drehte sich um. Der Mann hatte es sehr eilig, wegzukommen und reagierte nicht auf ihr Rufen.
Der Vierbeiner verhielt sich so, als könnte sich ein Hund seinen

Besitzer aussuchen und folgte ihr einfach in die Wohnung.
Sie überlegte, ob sie ihn nicht ins Tierheim bringen sollte. Doch das brachte sie nicht übers Herz.
Eine Woche später klingelte der Mann, mit zwei Taschen in der Hand, an ihrer Haustür.

„Ich möchte Leo besuchen."
„Sie nehmen ihn heute gefälligst wieder mit."
Der Fremde lächelte.
„Eine Tasse Tee werden Sie mir doch wenigstens anbieten?"
„Meinetwegen, aber dann gehen Sie, und zwar alle beide."
„Mein Name ist Cornelius."
Er schlenderte durch die Räume des Hauses. Plötzlich öffnete er den Küchenschrank, holte Mehl, Zucker und Schüsseln heraus.
Auf Gerdas empörten Blick antwortete er fröhlich: „Ich backe uns einen Kuchen."
Trotz ihrer Wut über eine derartige Frechheit konnte sie sich nicht einer gewissen Bewunderung erwehren. Seine Hände flogen hin und her, und bald darauf stand die Backform im Ofen. In der Küche stapelte sich schmutziges Geschirr, als sei für eine Großfamilie gebacken worden. Wie um alles in der Welt hatte er es fertig gebracht, für einen einzigen Kuchen so viel Abwasch zu produzieren? Teigreste klebten nicht nur am Tisch, sondern auch an den Fliesen über der Spüle und auf dem Fußboden.
Kopfschüttelnd brachte sie die Küche wieder in Ordnung.
Leo stellte sich vor die Tür und fiepte leise.
„Ihr Hund muss mal raus."
Der Mann schien sich nicht angesprochen zu fühlen.
„Ich sagte gerade, Ihr Hund muss mal. Wollen Sie warten, bis er in meine Wohnung pinkelt?"
„Sie wissen doch, dass er auf mich im Moment nicht richtig hört. Gehen Sie doch eine Runde mit ihm, ich achte derweil auf den Kuchen."

Er blätterte in der Zeitung und legte die Beine auf einen der Küchenstühle.
Gerda holte tief Luft. Der Hund trippelte immer nervöser vor der Tür auf und ab, sein Fiepen ging in ein Jammern über.
Sie nahm wortlos die Leine und führte das Tier ins Grüne.
Als sie zurückkam, stand der Kuchen auf dem Tisch. Cornelius strahlte.
„Zum Anschneiden ist er noch zu heiß. Darf ich mich ein wenig frisch machen?"
Gegen seinen Wunsch, sich die Hände zu waschen, hatte sie nichts einzuwenden.
Kurz darauf ertönte ein Geräusch, welches allerdings nicht nach Händewaschen klang, sondern als ob jemand duschen würde.
Wenige Minuten später stand Cornelius vor ihr – im Schlafanzug!
„Sind Sie von allen guten Geistern verlassen? Sie verschwinden jetzt, und zwar sofort!"
„Sie werden mich doch nicht im Pyjama auf die Straße schicken. Was sollen denn die Nachbarn denken?"
„Dann ziehen Sie sich gefälligst wieder an!"
„Das geht leider nicht."
Gerda registrierte erst jetzt das Geräusch der Waschmaschine.
„Vorhin habe ich gekleckert. Wie soll ich meiner Mutter erklären, dass ich bei einer wildfremden Dame einen Kuchen gebacken habe? Lassen Sie Leo und mich doch vorübergehend hier bleiben. Dann helfe ich Ihnen auch, die Schulden zu bezahlen."
Gerda starrte den Fremden an.
„Der Brief von der Bank lag auf dem Wohnzimmertisch."
„Und da haben Sie ihn einfach gelesen?"
„Der Umschlag war doch offen. Ich fragte mich, was die von Ihnen wollen."
„Die Finanzierung für den Ausbau des Nebengebäudes verlief nicht wie geplant."

Sie hätte sich auf die Zunge beißen können. Den Fremden gingen ihre Geldschwierigkeiten nicht das Geringste an.
„Ich könnte Ihnen helfen. Da ich bei meiner Mutter keine Miete bezahlen brauche, konnte ich einen ordentlichen Betrag sparen. Den würde ich einzahlen, und Sie wären raus aus der Zinsenfalle. Überlegen Sie es sich, eine Hand wäscht die andere."
Gerda betrachtete den vor ihr stehenden Fremden mit neuen Augen. Ein Mensch, der einem aus Geldschwierigkeiten half, musste jemand ganz Besonderes sein. Der Gefallen, um den er bat, schien ihr eine Kleinigkeit zu sein gemessen an den Jahren, denen sie der Bank noch ausgeliefert wäre.

Ihre beiden Freundinnen, die in besagtem Nebengebäude lebten, waren von der Hilfsbereitschaft des Gastes zutiefst beeindruckt und wollten ihn so bald wie möglich kennen lernen.
Cornelius ließ es sich nicht nehmen, für die Damen zu kochen. Zwar sah auch diesmal die Küche wie ein Schlachtfeld aus, doch Gerda lächelte nur und brachte stillschweigend alles in Ordnung.
Herta überlegte: „Hoffentlich vertragen sich deine eigenen Hunde mit Leo, wenn deine Freundin, die Kommissarin, mit ihnen wieder zurückkommt."
„Bis dahin wird Cornelius sicher eine Wohnung gefunden haben, schließlich bleibt Clara mit den beiden noch eine ganze Weile in Italien."

Wenige Tage später löste Cornelius sein Versprechen ein und beglich die Schulden. Gerda wollte ihm danken, doch er winkte ab.
„Gern geschehen, aber eine kleine Sicherheit möchte ich doch bekommen."
„Ich stelle Ihnen einen Schuldschein aus."
„Nein, das ist nur ein Stück Papier. Überschreiben Sie mir das halbe Haus."

Mit einer derartigen Forderung hatte sie nicht gerechnet, doch sie wagte keinen Widerspruch.
„Bis Sie alles zurückgezahlt haben, bleibe ich hier."
„Aber Sie wollten doch eine eigene Wohnung suchen!"
„Wenn ich Mitbesitzer eines Hauses bin, wäre ich dumm, woanders Miete zu bezahlen."
Als Gerda den Gartenzaun strich, gesellte sich Cornelius mit einem Pinsel dazu. Herta und Ingeborg, die sich gerade auf den Weg in die Stadt machten, nickten anerkennend.
Kurz darauf klingelte sein Mobiltelefon.
„Ich hätte gerne länger geholfen, aber leider muss ich telefonieren."
Gerda betrachtete die drei Latten, die der Helfer gestrichen hatte. Der Zaun bestand aus einhundertdreißig Einzelelementen. Inzwischen hatte die Erfahrung sie gelehrt, dass es Cornelius reichte, von Außenstehenden beobachtet worden zu sein. Er würde nicht zurückkehren.
Wann immer seine Bekannten erschienen, stets fanden sie ihn scheinbar vertieft in irgendwelche Arbeiten vor. Gerda fragte sich, wie er dies bloß bewerkstelligen mochte. Dem Mann musste ein perfektes Gefühl für den richtigen Moment bescheinigt werden.

„Er macht euch allen etwas vor."
Herta schüttelte den Kopf.
„Ich sehe doch mit eigenen Augen, wie viel er hier anpackt."
„Aber nur, solange er Zuschauer hat."
„Erst letztens hat er fast den ganzen Zaun gestrichen."
„Von wegen, es waren genau drei Latten."
„Erzähl keinen Unfug. Er weiß doch, welche Rückenprobleme du hast. Niemals würde er einer kranken Frau beim Arbeiten zuschauen."
Den letzten Satz sprach Herta so vehement aus, dass Gerda zurückwich.

Während sie mit einem Messer Unkraut aus dem Rinnstein kratzte, blickte Cornelius gen Himmel.
„Ach, haben Sie es gut. Was kann es Schöneres geben, als an der frischen Luft zu arbeiten."
„Dann helfen Sie doch mit."
„Nichts täte ich lieber, aber ich bin zum Kaffeetrinken verabredet."
„Sie könnten am Samstag die Straße kehren."
Er bedauerte, dass ihm leider für diese wohltuende Beschäftigung die Zeit fehle.
Am liebsten hätte sie den Inhalt des Dreckeimers über seinen neuen Anzug gekippt.
„So einen Heuchler wie Sie habe ich in meinem ganzen Leben noch nicht kennen gelernt."
Er drehte sich auf dem Absatz um und kehrte kurz darauf gemeinsam mit Herta zurück. Tränen rannen sein Gesicht herunter.
„Herta, ich kann mich gegen die bösen Anschuldigungen dieser Frau nicht wehren."
„Hast du ihn wirklich einen Heuchler genannt?"
„Allerdings."
„Du solltest dich schämen."
Als Gerda eine Stunde später das Haus betrat, saßen die beiden am Küchentisch und verspeisten gerade das Essen, welches sie für sich vorbereitet hatte. Eine Flasche aus ihrem Weinvorrat war bereits zur Hälfte geleert.
„Ich hätte selbst eingekauft, wenn ich Zeit gehabt hätte. Sie gönnen mir und meinem Besuch ja wohl ein paar Häppchen aus Ihren Vorräten."

Cornelius suchte die Bekanntschaft eines Edelsteinhändlers aus der Nachbarstadt und diskutierte mit ihm über die Qualität von Opalen und Amethysten. Jener Händler weihte den neuen Freund schließlich sogar in die Geheimnisse heimischer Fundstellen ein.

Natürlich gab es in dieser Gegend keine so wertvollen Stücke wie in fernen Ländern, doch hiesige Sammler zeigten sich trotzdem interessiert daran.

Ein Steinbruch mit weitverzweigten unterirdischen Höhlen, gar nicht weit vom Haus entfernt, sollte besonders ergiebig sein.

Cornelius bot Herta und Ingeborg an, ihnen Steine zu Sonderpreisen zu überlassen und schwor, selbst keinen Gewinn dabei zu machen.

„Wir sind doch schließlich Freunde!“

Eines Tages entdeckte Gerda Belege, die zeigten, dass er bei diesem Freundschaftsdienst sehr wohl ordentliche Profite eingeheimst hatte.

Sie legte die Papiere ihren Mitbewohnerinnen auf den Tisch.

Der Beschuldigte stand plötzlich im Raum.

„Selbstverständlich handelt es sich um ein Versehen, und ich erstatte den Fehlbetrag zurück.“

An die beiden Frauen gewandt, klagte er: „Wie konnte es sich Gerda unterstehen, meine Unterlagen zu kontrollieren? Es ist scheußlich, mit ihr unter einem Dach zu leben. Wie ich es bereue, mein Geld in dieses Haus gesteckt zu haben, von der vielen Arbeit ganz zu schweigen! Das habe ich nun von meiner Hilfsbereitschaft.“

Sechs Augen blickten Gerda vorwurfsvoll an.

Eines Tages kündigte Cornelius an, er wolle sein Sammlerglück versuchen. Da er freiwillig Leo mitnahm, vermutete Gerda, dass er die Unternehmung ohne seinen Freund plante, sich aber ohne Begleitung in den unterirdischen Gängen fürchtete.

Einige Stunden später kehrte der Hund alleine heim, mit blutverschmierter Schnauze und fiebrigem Blick. An seinem Fell klebte hellgraue Lehmerde.

Kurz darauf kam auch sein Besitzer zurück.

„Hätte ich diese Bestie bloß nicht mitgenommen. Das hatte ich nur gemacht, um Ihnen einen Gefallen zu tun. Jetzt hat das Vieh im

Wald ein Reh gerissen und in die Höhlen geschleift. Warum haben Sie ihm nicht das Jagen abgewöhnt?"
„Na hören Sie mal, er ist immer noch Ihr Hund!"
„Aber Sie haben ihn zu sich gelockt. Und mich gleich dazu. Wie ich es hasse, hier leben zu müssen."
„Ich gehe zur Bank und gebe Ihnen das Geld zurück."
„Kommt nicht in Frage. Ich habe schließlich unglaublich viel Arbeit hier reingesteckt. Es sei denn, Sie vergüten mir diese Mühe."
„Wie viel Geld wollen Sie?"
„Nun, der doppelte Betrag wäre die mindeste Entschädigung, schließlich muss ich mit einem guten Gefühl gehen können."
„Eine solche Summe kann ich mit dem besten Willen nicht aufbringen."
„Warum gehen Sie dann nicht einfach?"
„Und Sie geben mir das Doppelte?"
„Was ist denn das für eine unverschämte Forderung! Natürlich hole ich einen Schätzer. Die Immobilienpreise sind so stark gesunken, dass Ihnen für die Hütte hier keiner mehr viel bezahlt. Ich frage jetzt mal Ihre Freundinnen, was die zu so einem Wucherpreis sagen."
Er warf die Tür ins Schloss und rannte zum Nebengebäude.

Gerda spürte eine Erschöpfung in sich wie niemals vorher in ihrem Leben. Sie hatte weder die Möglichkeit, Cornelius auszuzahlen, noch wollte sie einsehen, dass sie ihr Zuhause verlassen sollte. Es gab nur einen Menschen, dem sie noch zutraute, ihr helfen zu können: ihre beste Freundin Clara, die Kommissarin. Diese würde in wenigen Wochen von ihrem Italienaufenthalt zurückkehren. Allein die Vorstellung, bald jemanden an ihrer Seite zu haben, der ihr glauben und sie unterstützen würde, machte ihr Mut.
Die Tür wurde aufgerissen. Cornelius sah sie an und stutzte.
„Na, Sie schauen ja so fröhlich, haben Sie im Lotto gewonnen?"

„Nein, ich freue mich, dass meine beiden Hunde bald wieder Zuhause sein werden."
„Ja stimmt, diese Kommissarin kommt zurück."
Er wurde still und blickte nachdenklich vor sich hin.
Nach einer Weile lächelte er sanft.
„Ich plane eine Reise nach Australien. Auf so einer weiten Fahrt kann einem etwas zustoßen. Darum wollte ich Sie fragen, ob wir nicht ein Testament ausfertigen lassen sollten, in dem wir uns gegenseitig als Erben einsetzen."
Er kochte unaufgefordert Gerdas Lieblingsspeise und wusch anschließend sogar ab. Gerührt dachte sie: „Er bereut seine Gemeinheit, ich darf nicht nachtragend sein."
Als wolle er ihre Gedanken bestätigen, schlug er vor: „Draußen regnet es, da gehe ich mit Leolein spazieren. Schließlich ist er mein Hund."
So viel Einsicht hätte sie ihm nach dem bösen Streit gar nicht zugetraut.
Gerda versprach, einen Termin beim Notar auszumachen.

Nach der Testamentsunterzeichnung verabschiedete sich Cornelius bei allen Bekannten. Seine letzten Worte lauteten: „Ich hätte Gerda ja lieber bei der Arbeit geholfen, aber ich brauche Urlaub."
Gerda genoss es, das Haus wieder für sich alleine zu haben. Besonders erleichterte sie aber der Sachverhalt, dass vor der Abreise kein böses Wort mehr gefallen war, und ihr Mitbewohner erstmals sogar den Müll hinausgebracht und die Toilette geputzt hatte.
Wie gemütlich es doch war, auf dem Sofa zu sitzen. Sie goss sich ein Gläschen Portwein ein.
Leo, der gerade noch tief und fest geschlafen hatte, hob den Kopf. Die Ohren zuckten leicht, und er richtete sich auf.
„Musst du mal raus?"
Statt wie üblich bei diesen Worten zur Türe zu rennen, blieb er an seinem Platz stehen und lauschte.

„Na, schleicht Nachbars Katze ums Haus? Die lässt du mal schön in Ruhe und legst dich wieder hin.“

Bisher hatte der Leonberger Gerdas Anweisungen stets befolgt. Dieses Mal aber ignorierte er ihren Befehl. Ein Zeitungsartikel über Wohnungseinbrüche im Nachbardorf fiel ihr wieder ein.

Wenn jemand hier einsteigen wollte, würde er dies sicherlich nicht von der Vorderseite des Hauses aus tun. Dort konnte er viel zu leicht von Nachbarn entdeckt werden. Sie löschte das Licht im Wohnzimmer und tastete sich durch den dunklen Flur. Dort nahm sie das Telefon aus der Halterung und schlich weiter in die Küche. Falls tatsächlich jemand von hinten über das Grundstück zu der Terrasse gelangen wollte, musste er den Hof überqueren. Dort würde automatisch ein Bewegungsmelder ein Licht einschalten. Während sie in dem dunklen Raum unsichtbar blieb, könnte sie einen möglichen Dieb frühzeitig entdecken und die Polizei benachrichtigen.

Obwohl Gerda draußen weder etwas zu hören noch zu sehen vermochte, begann Leo anzuschlagen.

„Wahrscheinlich hat sich ein Fuchs auf das Grundstück verirrt. Wir gehen jetzt wieder ins Wohnzimmer, und du gibst endgültig Ruhe.“

Ein tiefes, grollendes Bellen war die Antwort.

Plötzlich erstrahlte der Hof in hellem Licht.

Sie riss die Tür auf.

„Wo kommst denn du her, ich dachte, du bist längst in Australien? Leo glaubte wohl, ein Mörder schleicht durch den Garten. Wieso bist du nicht zur Haustür reingekommen?“

Cornelius sah sie wortlos an.

„Wieso trägst du denn um diese Jahreszeit Handschuhe, dafür ist es doch viel zu warm?“

Er schien aus seiner Erstarrung zu erwachen. Sein Blick erinnerte sie an den des Hundes, nachdem er das Reh getötet hatte.

„So viel wie ich hier gearbeitet habe, steht das Haus mir zu. Du willst es mir wegnehmen, und dabei soll dir diese Kommissarin helfen!“

„Warum kann ich dir nicht einfach dein Geld zurückgeben? Du hast doch keinen Verlust, schließlich konntest du mietfrei hier wohnen.“

„So ist es schon mein ganzes Leben lang gewesen. Egal um was es ging, immer habe ich zu wenig bekommen. Schon als Kind schenkten mir meine Eltern den kleinsten Nikolaus in der gesamten Nachbarschaft.“

„Du hast die doppelte Summe des objektiven Wertes verlangt!“

„Immer war ich das Opfer. Diesmal wehre ich mich.“

Er griff in die Innentasche seines Mantels.

Bevor Gerda erkennen konnte, was er für einen Gegenstand herausziehen wollte, stürzte Leo zähnefletschend auf ihn zu.

„Du räudiger Köter, ich bring dich um!“

Die Schneide eines Messers verfehlte knapp den Rücken des Tieres.

Cornelius floh über das Grundstück, vermutlich in Richtung des Waldes, denn Gerda vermochte es nicht mehr, ihm mit dem Blick zu folgen.

Als sie sich nach ihrem Helfer umschaute, entdeckte sie, dass Leo verschwunden war.

Sie wagte es nicht, ihn im Dunkeln zu suchen, schließlich könnte sie Cornelius in die Arme laufen.

Ob sie die Polizei rufen sollte? Aber würde ihr jemand diesen Vorfall glauben? Es gab genügend Zeugen für seine Reisepläne. Aus Erfahrung war sie überzeugt, dass Cornelius es irgendwie bewerkstelligt hatte, dass Nachforschungen seinen angeblichen Abflug bestätigen würden.

Sie musste vorsichtig sein. Zwar war der Eindringling aus Schreck über den Angriff des Hundes weggerannt, doch würde er nicht sein Werk vollenden wollen?

Erst jetzt bemerkte sie, dass ihre Hände zitterten.

Mit was könnte sie sich gegen einen kräftigen Mann notfalls zur Wehr setzen?
Hinter ihr, in der Garage, befand sich ein Vorschlaghammer.
Als sie das Tor öffnen wollte, vernahm sie ein Geräusch.
Leo stand hinter ihr.
Seine Schnauze war blutverschmiert, und an seinem Fell klebte hellgraue Lehmerde.

Aushalten

versperrt
den Weg.

Voran schreitet
allein die Zeit,
Gedanken
krallen sich an Möglichkeiten.

Eine Flucht
braucht einen Punkt
auf der Landkarte,
im Kopf,
wenigstens Sehnsucht nach etwas.

Aushalten
versperrt
den Weg.

* Siehe TonSatz-CD *Losgehen und Möglichkeiten atmen*
Nr. 12 *Aushalten versperrt den Weg* – Komposition zum Text

Überleben am Fluss

Der Zaun war im vorangegangenen Frühjahr weiß gestrichen worden. Dass dabei nicht ein einziger Lacktropfen heruntergelaufen und erstarrt war, bezeugte die exakte Führung des Pinsels.
Die Außenfassade des dahinter stehenden Einfamilienhauses wies keinen Graustich auf, erst recht blätterte nirgends Farbe ab. Neben dem mit hellen Verbundsteinen im Fischgrätenmuster gepflasterten Hof lag die rechteckige Rasenfläche, deren Ränder per Hand nachgeschnitten wurden. Vor der Treppe stand ein betongegossener Kübel, er bot Platz für sechs bis acht Geranien. Letztere gediehen prächtig dank wöchentlicher Beigabe von Flüssigdünger. Blätter, deren Ränder sich braun kräuselten, konnten ebenso wenig entdeckt werden wie verdorrte Blütenstände.

Aus der Toilette roch es nach Zitrusfrische. Im Waschbecken gab es keine Wasserflecken, die Armaturen glänzten.
Trockenblumensträuße zierten das geflieste Wohnzimmer.

Waltraud sah auf die Uhr, entschied, es noch zu riskieren und zog mit geübtem Griff die Ausziehtreppe zum Dachboden herunter. Wie immer unterdrückte sie den spontanen Impuls, die Spinnweben zu streicheln, es wäre zu traurig, diese Beweise von Leben zu zerstören. Aber sie gönnte es sich, mit dem Zeigefinger über einen der Balken zu fahren, genoss es, den Staub auf der Kuppe zu fühlen.
Heute erschien ihr das Wagnis zu groß, auch ein Dachfenster zu öffnen und die versteckten Zigaretten hinter dem Zeitschriftenstapel hervorzuholen.
Es war still, sie konnte das Geräusch des Garagentores noch nicht vernehmen.
Eine Seite wollte sie betrachten und dann schnell ihr Versteck wieder verlassen. Das Buch stammte vom Sperrmüll. Wenn er wüsste,

dass sie es besaß! Den Gedanken wagte sie gar nicht zu Ende zu denken. *Wildblumengarten* lautete der Titel. Beim Öffnen entfalteten sich Grün, Rot und Blau vor ihren Augen. Blumen, die auf einer ungemähten Wiese standen, dazwischen leuchteten Löwenzahn und violette Distelblüten.

War das sein Auto? Oder doch ein anderes?

Sie musste vorsichtig sein. Letze Woche war er auch schon einmal früher als gewohnt nach Hause gekommen. Nur weil gerade zufällig die Nachbarin geklingelt hatte, befand sie sich in der Wohnung.

Ihre Hände zitterten leicht. Noch eine weitere Seite, dann wäre alles zu ertragen, was nachher geschehen würde.

Ein Fluss, das Wasser wälzte sich sonnenbeleuchtet über felsige Stufen.

Vielleicht war es ja doch sein Fahrzeug gewesen und er nur nicht in die Garage gefahren.

Eilig stieg sie die Treppe hinab.

Als sie die Klappe geschlossen hatte und sich umdrehte, sah sie seinen Rücken.

Seine Finger kontrollierten weder die Fußbodenleisten auf Vorhandensein von Staub noch die Oberseite des Lampenschirmes.

Sie kannte seine Bewegungen genau, wusste immer schon im Voraus, wie die Hände sich heben würden. Das Gesicht, die Augen, wenn er sich umdrehte und noch schlimmer, wenn er stehen blieb, wie er es in diesem Moment tat.

Wortlos öffnete er die erste Flasche. Trank sie in großen Zügen aus. Sagte nicht einmal, das Bier sei zu kalt oder zu warm.

Sie hörte den Fluss über felsige Abgründe rauschen, er öffnete die zweite Flasche.

Sie tauchte die Fußspitzen in das eisige Bergwasser.

Er drehte sich um.

Puppenkleider

Das Mädchen mit den Schwefelhölzern lag nackt unter dem verblühten Gelb des Chrysanthemenbusches. Die Mutter hob es auf, wiegte es in ihren Armen und summte „Heile, heile Gänschen."
Else seufzte tief. Warum nur musste Mutter darauf bestehen, Märchenfiguren im Garten aufzustellen? Sie könnte doch damit die Wohnung verzieren.
„Die Puppen wollen nicht eingesperrt werden. Ist es nicht bereits genug Verzicht, dass sie mir versprechen mussten, niemals dieses Grundstück zu verlassen?"
„Aber du siehst doch, was die Dorfjungen dann damit anstellen."
„Wenn ich ein Gewehr hätte, würde ich die Kerle erschießen."
Else blickte sich hastig um. Nur gut, dass außer Wilhelmine und Ortrud niemand diese Reden zu hören bekam.

Erschienen diese beiden Damen zu Besuch, buk die Tochter immer einen Kuchen. Ortrud murmelte dann jedes Mal in gerade noch hörbarer Lautstärke: „Damals in der Heimat hat er aber besser geschmeckt."
Nur einmal hatte Else gegen diese Bemerkung aufbegehrt: „Ich habe ihn doch genau nach eurem Rezept zubereitet!"
Danach war sie aus dem Zimmer gerannt.
Hinter der Tür vernahm sie Wilhelmines Stimme: „Warum hast du bloß damals den Bastard nicht sofort im Fluss versenkt?"
„Sie ist ein gutes Kind – trotz allem."
Ortrud, deren Spezialität es sonst war, im Flüsterton zu reden, erwiderte mit erstaunlicher Lautstärke: „Du warst vierzehn damals."
Wilhelmine fügte hinzu: „Sie hat seine Augen. Immer wenn mich das Soldatenbalg anschaut, seh' ich, wie er die Handarbeitslehrerin erschlagen hat und dann..."
Else hörte die Mutter aufschluchzen.
Sie hatte sie noch nie weinen sehen.

„Hättest es wenigstens den barmherzigen Schwestern vor die Tür legen sollen.“

Nachdem der Besuch das Haus verlassen hatte, betrat Else das Wohnzimmer. Mutter hatte begonnen, ein neues Puppenkleid aus weißem Leinen zu nähen.
„Du hast mich angelogen. Wer ist mein Vater?“
Die Angesprochene schien die Frage nicht zu hören und nicht einmal zu bemerken, wie sich die Spitze der Nadel in ihren eigenen Finger bohrte.

Else nahm ihr das Nähzeug aus der Hand und strich ihr behutsam über das Haar.
„Schau, Mutter, das Mädchen mit den Schwefelhölzern blutet. Wir wollen ihm ein Pflaster auf die Wunde kleben und dann ein Lied vorsingen.“

Welcher Moment ist es,

an dem das Enden
beginnt,
und was
könnte es aufhalten?

Immer neu
auf Anfänge eingelassen,
Gegenwarten durchschritten,
das Wort
Zuhause
im Kopf.

Welcher Moment ist es,
an dem das Enden
beginnt?

Die Abschiede,
meine steten Begleiter,
fragen.

Welcher Moment ist es,
an dem der Anfang
beginnt?

*Textassoziation zu Eva Batts Komposition *Es war einmal* (unveröffentlicht)

Vater

Der Mann mit dem Buch in der Hand.
Dem Buch mit den Mathematikaufgaben.
Den Aufgaben, die im Schulheft falsch gelöst sind.
Die falschen Lösungen rot angestrichen.
Rot, wie sitzen bleiben.

Der Mann mit dem Buch in der Hand.
Dem Buch, in dem alles steht, was Vater wichtig ist.
Wichtig sind dem Mädchen nur lebendige Dinge.
Lebendig sind Teddys, Stoffhunde und Ritter.
Ritter haben Rüstungen, die vor Schwerthieben schützen.
Das Mädchen hat keinen Schutz vor den Schwerthieben der Lehrerin, die Blutspuren im Mathematikheft hinterlassen.

Der Mann mit dem Buch in der Hand.
Seine Hand zeigt auf die leeren Stellen im Heft, an denen das Mädchen keine Antwort gewusst hat.
Antworten werden erwartet auf gestellte Fragen.
Das Mädchen bespricht seine Fragen mit Teddy und Stoffhund.

Vater droht, den Stoffhund zu töten.
Ritter müssen manchmal töten, um jemanden zu retten.
Sie retten den Stoffhund, damit er lebendig bleibt, denn wichtig sind dem Mädchen nur lebendige Dinge.

Station 3

Die beiden Enden des Wiener Schnitzels überlappten den Rand des Porzellantellers.
„Nimm das Besteck.“
Schmale Finger griffen nach Messer und Gabel, rechte und linke Handkante stützten sich auf den Tisch.
„Mach weiter.“
Die Gabelzinken glitten durch die Panade, ein kurzer Widerstand, dann bohrten sie sich in das Fleisch hinein. Das Messer trennte scharf ein längliches Stück ab.
„Iss.“
Die Hände des Mädchens umklammerten das Besteck, seine Lippen pressten sich fest aufeinander, die Bewegung des Schildknorpels verriet ein Schlucken.
Die Frau, die verlangte, Tante Roswitha genannt zu werden, trat hinter Ruth und betastete deren Rücken.
„Nur Haut und Knochen.“
Sie setzte sich auf den gegenüberstehenden Stuhl.
„Sieh mich gefälligst an, wenn ich mit dir rede.“
Ruth blickte ihrem Gegenüber in die Augen. Deren Blau schien zu flackern, wie das bläuliche Licht im Kühlraum der Metzgerei, den zu reinigen ihre Aufgabe war.

Schweinehälften hingen dort und ausgeblutete Fleischstücke verschiedener Größen.
Trat der Vater mit zügigem Schritt in den Raum und ließ die Tür weit geöffnet, atmete sie erleichtert auf.
Wortlos hievte er dann eine Schweinehälfte auf seinen Rücken, trug sie hinaus und warf sie dem Gehilfen zum Zerlegen auf eine dicke, lange Holzplatte.
Kam er hingegen herein und schloss die Tür, verlangsamten sich seine Schritte. Er begann, einzelne Fleischbrocken mit den Hän-

den abzutasten. Sein Blick aber schweifte zu dem Mädchen und erinnerte Ruth an den des Züchters, der die Schweine begutachtete, ob sie schlachtreif seien.
Der Mund des Metzgers öffnete sich leicht.
„Du wirst ein hübsches Mädchen werden."
Die Brocken schwankten unter seiner Berührung, doch die Haken steckten zu tief, als dass je ein Fleischstück sich hätte lösen können.

„Los, iss jetzt, wenigstens das eine Stück."
Ruth ließ ihren Körper regungslos auf dem Stuhl sitzen.
Tante Roswitha stand auf und begab sich zum Fenster.
Abrupt drehte sie sich um.
„Du wirst schon sehen. Wir machen hier ein hübsches Mädchen aus dir!"

Fluchtpunkte

Im Laub des Apfelbaumes
ein Durchatmen gesucht.
Doch Augen durchstechen
jede schützende Hülle,
auch die der Bücher.
Hände packen Abzählreime, Ritterfiguren
und zerreißen den Teddy.
Ein Mund redet von Nützlichkeit und Arbeit.
Zähne kauen Lachen kurz und klein.
Aus dem Schweigen des Kindes
hört der Vater seinen Sieg heraus.

Aber vergessen hat er Spatzen, die Reime aufsagen,
Wolken, auf denen Ritter reiten,
und Herbstlaub,
das bunte Bilder malt.

Skulptur

Ich blickte in dein Angesicht. Obwohl ich es mir wünschte, wagte ich nicht, deine Wange zu berühren. Deinem Hals, aus Sandstein geformt, mit der Kuppe meines Fingers nachzuspüren sehnte ich mich, doch dein Dunkel schien mir abweisend, und so blieb ich mit meinen Fragen allein zurück.
Wer berührt das Verletzbare, wer darf deine Furcht mit einem blauen Mantel schützen, wem wirst du anvertrauen die Geschichte deiner Zeit, die eingefurcht in deiner steinernen Haut niedergeschrieben steht?
Vielleicht fragst du dich, was mich stehen bleiben ließ und träumen diesen einen Moment an Begegnung.
Möglicherweise bedauerst du meinen Weggang und wünschtest deiner Bewegungslosigkeit zu entrinnen, mir wenigstens ein zartes Lächeln als Gabe darbieten zu können.
Fiel meine Liebe auf deinen kalten Leib in der Vertrautheit dessen, dass alles, was ich mir blühend, duftend und warm wünschte, steinern war und unnahbar?

Niedergeschwiegen.
Suche, die ich war und bin,
Worte sammelnd.

Leim

Wie alle, die aus dem Hungerland kamen, war ich erpicht auf Geschenke. Ich prüfte nicht, ob es etwas Schönes oder Hässliches war, ob nützlich oder schädlich. Alles kam hinein in mein Kellergewölbe, ein Labyrinth aus schier endlos scheinenden Gängen.
Das Gewölbe wirkte fast leer auf mich, obwohl sich die Truhen und Kästen mit Geschenken und selbst gesammelten Dingen bereits stapelten.
Nie ließ sich der Keller wirklich füllen, denn unter einem vollgestopften Raum lag, verbunden durch eine Holztreppe, der nächste leere Saal. Darunter verbargen sich weitere Kammern, Zimmer, Säle ohne Zahl.
Unter dem scheinbar reichlich ausgestatteten Haus gierten diese Räume nach immer neuer Nahrung.
Da es als Makel galt, aus dem Hungerland zu kommen, hatte ich mein Haus großzügig ausgestattet und zierte mich, wenn mir Geschenke gereicht wurden, als seien mir die Gaben nicht so wichtig.

Eines Tages wollte mir eine fremde Frau einen großen Karton überreichen. Darauf stand zu lesen: *Leistungsstarker Alleskleber, klebt jedes Material sekundenschnell, unendlich ergiebig.*
Ich tat so, als hätte ich kein Interesse, sie aber blieb stehen. Meine Hände zitterten leicht, die Frau sollte gehen, mich in Ruhe lassen.
„Sie brauchen das Geschenk also nicht?“ Fragend streckte sie mir den Karton entgegen. Warum durchschaute sie mich, woher wusste sie, dass ich ihr Angebot annehmen musste?
Ich hasste mich selbst, als ich ihr den Karton aus der Hand nahm. So schnell ich vermochte, brachte ich das Geschenk in das Gewölbe.

Mehrere Jahre später:

Es war an einem Dienstag im Hochsommer, als ich mich entschloss, den Flur zu renovieren. Das Treppengeländer war mit weißer Lackfarbe gestrichen. Der Lack sollte herunter, ich freute mich darauf, den gedrechselten Holzstäben Luft zu verschaffen.
Die Fußbodenleisten waren nicht mehr richtig befestigt. Wo waren nur die kleinen Nägelchen hingekommen, die ich extra dafür gekauft hatte?
Ich suchte überall, fand sie aber nicht.
Vielleicht lagen sie im Keller? Tatsächlich fanden sich bald Nägel, aber sie waren zu groß für die schmalen Leisten. Als ich einen Stapel alter Schachteln zur Seite schob, erblickte ich einen Karton mit der Aufschrift: *Leistungsfähiger Alleskleber, klebt jedes Material sekundenschnell, unendlich ergiebig.*
Möglicherweise könnten die Leisten festgeklebt werden, überlegte ich und nahm den Karton mit nach oben.

Ich öffnete ihn und nahm den Eimer heraus. Vorsichtig strich ich mit einem Spatel die Leiste ein. Sie klebte ganz hervorragend. Nun nahm ich mir die kleinen Leisten an den Treppenstufen vor. Ich begann unten, es klappte sehr gut.
Auf der Treppenmitte stieß ich versehentlich gegen den Eimer. Er fiel um, der Inhalt floss auf meine Sandalen und durchtränkte die Socken.
Schnell hob ich ihn wieder auf, versuchte mit einem Taschentuch den Klebstoff abzuwischen. Das Tuch blieb hängen.
Ich beschloss, die Schuhe abzuwaschen und die Socken zu wechseln. Dafür musste ich in das Bad im oberen Stockwerk gehen.
Es war mir jedoch nicht möglich, mich vorwärtszubewegen.
Zwischen Erdgeschoss und oberem Stockwerk war ich festgeklebt und kam nicht von der Stelle.
Ich riss mit Gewalt, aber fühlte nur den Schmerz des starken Zuges

in meinen Gelenken. Das Telefon klingelte, automatisch wollte ich die Treppe hinunterrennen, um abzuheben, verlor bei dieser Bewegung aber nur das Gleichgewicht. Der Eimer fiel erneut um, der Alleskleber umfing meinen in der Hocke abgestützten Körper. Hände und Brustkorb waren in Klebstoff eingegossen, nur noch Kopf und Rücken ragten heraus. Ich verfluchte den Augenblick, in dem ich das Geschenk der Frau angenommen hatte. All diese Geschenke im Keller waren mir zuwider, denn ich hatte sie nicht aus Freude genommen, sondern weil die Leere der Gewölbe mich dazu gezwungen hatte.
Ich wünschte mir, frei zu sein. Frei von diesem gierigen Haus, das mir zwar eine Scheinexistenz nach außen ermöglichte, mich in Wahrheit aber in immer tiefere einsame Sehnsucht hineintrieb.

An der Haustür klingelte es, ich rief um Hilfe. Anscheinend wurden meine Rufe nicht gehört, denn niemand antwortete oder versuchte in die Wohnung hineinzukommen, um mir zu helfen.
Die gebeugte Hockposition strengte mich an, außerdem hatte ich Durst.
Als es im Flur langsam dunkel wurde, und meine Lage vollkommen unverändert blieb, begriff ich, dass ich gefangen war, wie ein Insekt in einem Harztropfen.
In der Dunkelheit der Nacht war ich eins geworden mit der Treppe, gefangen am Ort, der nicht oben und nicht unten ist.

Seit vielen Jahren erinnerte ich mich zum ersten Mal wieder an das Hungerland. Bislang hatte ich jede Erinnerung daran sofort in den tiefsten Raum des Kellers geschleppt, auf einen Amboss gelegt und mit einem schweren Vorschlaghammer erschlagen.
Nun aber schienen die Erinnerungen zu neuem Leben erwacht und tanzten höhnisch um mich herum.
„Wie konntet ihr überleben?“

„Wir waren nie tot, im Gegenteil, wir konnten in deinem Keller immer neue Qualgedanken aus uns herausgebären.
Völlig ungestört labten wir uns an den Gaben, die du in den Keller schlepptest. Je mehr du dich beeiltest, die Leere der Gewölbe zu füllen, desto schneller konnten wir uns vergrößern und vermehren."
Deshalb also konnte ich die Gier des Labyrinths nie sättigen. – Je mehr ich hineingestopft hatte, desto mehr hatten sich die totgeglaubten Erinnerungen daran gemästet und angefangen, sich immer mehr zu verselbstständigen. Sie hatten ihre eigene Kolonie unter meinem Haus gebildet.
„Der Keller reicht uns nicht mehr", schrien sie.
„Wir werden jetzt auch in deinem Haus residieren."
Ich hörte, wie sie sich über meinen Kühlschrank hermachten, die Speisekammer leer aßen.
Am nächsten Morgen war meine Wohnung von Erinnerungen bevölkert.
Sie befassten sich allerdings nicht mehr im Geringsten mit mir.
Auf der Treppe ins obere Stockwerk schien ich ihnen eher ein lästiger Stolperstein zu sein, den sie aber als unabänderliche Tatsache hinnahmen.
Wenn eine Erinnerung lässig über mich hinwegstieg, schloss ich die Augen, denn der Anblick war mir schmerzlich.

Am Nachmittag war es heiß, und die Erinnerungen tranken auf meiner Sonnenterrasse Eiskaffee.
Plötzlich setzte sich leise eine zu mir auf die Treppe und flüsterte:
„Mach die Augen auf, wenn die anderen an dir vorbeigehen, höre zu, wenn sie sprechen."
„Ich kann nicht", widersprach ich. „Ihren Anblick halte ich nicht aus."
„Mach die Augen auf", bestand die Erinnerung nachdrücklich.

Ich tat es und sah eine Zinkbadewanne mit einem kleinen Mädchen darin. Die Wanne war auf einer Wiese aufgestellt, das Mädchen aber spielte, es führe mit einem Boot über das Meer.
Ich lächelte, denn dieses Spiel hatte ich als Kind besonders geliebt.
Die Erinnerung neben mir schob mir etwas zu essen in den Mund und gab mir Wasser zu trinken.
„Du wirst nicht sterben. Tu, was ich dir gesagt habe."
Dann verließ sie mich, und ich war wieder alleine auf der Treppe.
Gegen Abend kamen die Erinnerungen wieder in das Haus und trampelten gleichgültig über mich hinweg.
Ich versuchte die Augen offen zu halten, obwohl es mir fast unmöglich erschien, da mir der Anblick Schmerzen in meinem Körper verursachte.
Im Laufe der nächsten Tage ließ ich die Augen offen, so lange ich nur vermochte, und verschiedene Erinnerungen gaben mir Essen und Trinken.
Eine streichelte mir sogar behutsam über den Kopf.

Ich betrachtete sie neugierig und sah ein Mädchen auf dem Weg zum Milchholen:
Es war Abend, das Kind sollte Milch beim Bauern unten im Dorf kaufen. Da es bereits dunkel war, fürchtete es sich. Weil es sich so sehr ängstigte, stellte es sich vor, es wäre ein berühmter Wolfsjäger und würde Sibirien durchqueren. Heute Abend war jedoch kein Wolf zu erbeuten, denn die Wölfe hatten sich aus Furcht vor dem Jäger davongemacht. Bei einem Bauern kaufte sich der Wolfsjäger eine Stärkung und wanderte weiter durch das unwirtliche Sibirien, bis er zu einer Hütte kam, in der er übernachten konnte.
Die Mutter machte die Tür auf und prüfte, ob das Wechselgeld stimmte.

Wie lange hatte ich an das abendliche Milchholen nicht mehr gedacht.
Im Sommer war es schön, an den Gemüsegärten der Nachbarn entlangzuschlendern, am Spielplatz vorbei, über die Brücke und schließlich in den alten Dorfkern mit den Fachwerkhäusern zu kommen.
In einem der Höfe wohnte der Bauer Hildebrand. Gerne ging ich mit in den Kuhstall. Während der Jungbauer meine Kanne vollschöpfte, schaute ich den Kühen beim Fressen zu.
Dann schlenderte ich den Weg zurück nach Hause.
Wenn die Tage kürzer wurden, und ich in der Dämmerung und schließlich in der Dunkelheit den Weg zum Bauern Hildebrand gehen musste, fürchtete ich mich, denn ich war ein ängstliches Kind.

Anscheinend war ich eingeschlafen, denn ich erwachte von einem schmerzhaften Tritt auf meine Wirbelsäule.
Eine Erinnerung grinste mich schadenfroh an.
Erneut erhielt ich einen schmerzhaften Tritt auf meine Wirbelsäule.
Empört schrie ich die Erinnerung an, sie solle gefälligst nicht auf meinem Rücken herumtrampeln.
Entzückt von meinen Schmerzen hüpfte die fette Erinnerung immer wieder von der obersten Treppenstufe auf mich hinab, veranstaltete eine Art Trampolinspringen.
Meine Schmerzensschreie quittierte sie mit quietschendem Zufriedenheitsgelächter.
Ich zwang mich trotz der großen Schmerzen, meine Augen zu öffnen:
Da sah ich ein Mädchen am hölzernen Küchentisch sitzen, auf der Kiste, in der die Einkaufstüten aufbewahrt wurden. Es sollte den Teller mit dem Mittagessen leeren. Da es aber keinen Hunger mehr hatte, war das nicht möglich. Der Vater schimpfte. Als das Kind

weinte, stellte er das Essen weg, packte das Mädchen bei der Hand und zog es in den Flur. Er holte ein Holzscheit und legte es mit der dünnen Kante nach oben auf die steinernen Bodenplatten.
Die Strafe hieß „Auf Holz knien“. Obwohl das sehr weh tat, wagte das Kind sich auch dann nicht vom Platz zu rühren, als der Vater es alleine ließ. Der Flur war düster, die Steine kalt.
Die Tür wurde geöffnet, der Vater kam. Das Kind musste sich erneut auf die Kiste vor den Küchentisch setzen. Der Teller mit den Mittagessensresten stand noch da.
„Iss.“
Das Kind weinte.
Es musste vor dem Teller sitzen bleiben. Am Abend setzten sich Vater, Mutter und die beiden älteren Schwestern um den Tisch.
Alle aßen schweigend ihr Brot.
Das Kind weinte und konnte nicht essen. Der Vater befahl ihm, sofort in sein Bett zu gehen.
Am Morgen wartete der Teller mit den Resten bereits auf dem Frühstückstisch.
„Iss auf.“
Als das Mädchen immer noch nicht aß, ergriff der Vater fest die Hand des Kindes, zog es hinaus zu dem Schuppen, in dem vorne die Holzscheite lagerten. An der rechten Schuppenseite, hinter drei Gitterstäben, wurde das Schwein gehalten.
Während das Kind bei den Kühen des Bauern Hildebrand so lange wie möglich verweilte, weil sie so freundliche Augen hatten, fürchtete es sich vor dem Schwein mehr als vor allem anderen auf der Welt.
Obwohl das Tier kleiner war als eine Kuh, erschien es ihm riesig, und es glaubte fest, das Schwein habe die geheime Absicht, es zu töten.
Der Vater schob das Kind in den Schuppen und schloss die Tür von außen.

Von Angst gepeinigt, schloss ich die Augen vor der Erinnerung. Ich glaubte, nun werde sie weiter auf meinem Körper herumtrampeln und mir Schmerzen zufügen.
Doch eine andere Erinnerung stieß die fette Schweineerinnerung weg und klebte mir Pflaster auf die wunden Stellen meines Rückens.
Als ich aufhörte, vor Furcht zu zittern, flüsterte sie: „Sieh mich an!“
Ein Mädchen saß am Küchentisch. Es betrachtete den kleinen Dackelwelpen, den es geschenkt bekommen hatte. Der Welpe fraß leise schmatzend aus einem blauen Plastiknapf. Als der Napf leer gefressen war, nahm es den kleinen Dackel an die Leine und ging mit ihm auf ihrem Lieblingsfeldweg spazieren. Unterwegs setzte das Mädchen sich ins Gras und kraulte den Hund unter den Vorderbeinen. Er drehte sich auf den Rücken, und das Kind streichelte seinen Bauch. Der kleine Hund schlief ein, und das Kind legte sich neben ihn und schlief bald auch.

Die Schweineerinnerung tobte vor Wut und hieb mit ihren Fäusten auf meinen Kopf.
So deutlich ich den Schmerz auch fühlte, die Schläge hatten nicht mehr dieselbe Wucht wie die Tritte am Anfang.
Ich öffnete die Augen und nahm wahr, dass die Gedankengestalt schwächere Muskeln hatte als vorher und mit jeder Minute, in der ich sie anblickte, noch schmächtiger wurde.
Als befürchtete sie, zu viel an Substanz zu verlieren, schrie sie etwas mir Unverständliches, und gleich stellten sich andere Qualgedanken vor sie.
„Wir sind deine Schlafgedanken“, grölten sie. „Schlaf, Kindlein, schlaf ein!“

Ein Mädchen lag auf dem Klappsofa in seinem kleinen Zimmer. Es hatte kein eigenes Bett, denn das Sofa, sagten die Eltern, tue es noch eine Weile.
Draußen war es noch hell, das Licht wurde von den gelben Vorhängen mit den großen Blumenblütenmustern gedämpft. Das Kind war überzeugt, dass in dem Blüteninneren Tore wären, aus denen die Abendtrolle gekrochen kämen. Es glaubte, die Trolle wollten es durch eine der Blütentüren zu sich zerren und gefangen halten, bis es das große Einmaleins wie aus der Pistole geschossen rechnen konnte. Das Mädchen vermochte aber weder bei der Lehrerin noch beim Vater die richtige Lösung auf die Aufgaben zu sagen.
Immer konnte es nur denken:
„Sofort, wie aus der Pistole geschossen muss es kommen."
Erst wenn der Augenblick vorbei war, es verlegen die Lehrerin angestarrt hatte und sich setzen sollte, fiel dem Kind ein, zwölf mal zwölf seien hundertvierundvierzig.
„Du bist dumm und faul", höhnten die Trolle, „bei uns kriegst du die Flötentöne beigebracht."
Sie zerrten das Mädchen in den Blütenkelch, der Oberkörper steckte schon in dem Blumenschlund, der in die Tiefe führte.
Da fühlte es, wie die starken Arme des Teddys es herauszogen. Der Teddy legte das Kind auf seinen Bauch und tröstete es.

„Schlaf, Kindlein, schlaf", quiekten in hohen, schrägen Tönen die Nachtgedanken.
Ich blickte die Abendängste an und sprach mit lauter Stimme: „10 x 10 ist 100. 11 x 11 ist 121. 12 x 12 ist 144. 13 x 13 ist 169, und nun verschwindet, sonst haut euch der Teddy was auf euer freches Maul."
Die Nachtgedanken schrien vor Schreck auf und verschwanden schnell in mein Bad.
„Das hast du gut gemacht!"

Vor mir reihten sich elf Gedanken auf, das waren die Räuber, deren Anführerin ich im Wald gewesen war.
Die Räubergedanken begannen sich mit den Angstgedanken, die sich mir nähern wollten, zu prügeln.
Jeder Hieb, der die Furchtgedanken traf, verkleinerte sie aufs Neue.
Gleichwohl konnten sie den Kampf nicht gewinnen, denn der Nachschub der Angsterinnerungen schien unerschöpflich. Immerhin war ich durch den Kampf meinen Peinigern nicht mehr ausgeliefert, sondern hatte einen Moment Zeit, mich auszuruhen.
Aus dem Moment wurden Stunden, Tage.
Die Zeit verlor für mich ihre Bedeutung. Fast vergaß ich, dass es je etwas anderes gegeben hatte, als das Auf- und Abwogen der miteinander ringenden Gedanken.
Wochen und Monate des Rückblickens, ich lebte in der Gegenwärtigkeit der Vergangenheit.

Unverhofft stand eine Treppenstufe über mir mein Dackel.
Auf der Stufe unter mir erblickte ich Teddy.
„Du musst kämpfen", forderte mich Teddy auf.
„Ich kann nicht, ich bin festgeleimt."
„Doch, du kannst!"
Da fiel mir ein, was der Teddy meinte.
Laut sang ich die Lieder, die mir schon als Kind die Angstgedanken vom Leibe gehalten hatten, wenn ich alleine im Hause war: Der Mond ist aufgegangen; Guten Abend, gut' Nacht; Der Winter ist vergangen; Komm lieber Mai und mach die Bäume wieder grün.
Zusammen mit Teddy und Dackel fühlte ich mich sehr stark. Gemeinsam mit meiner Räuberbande schlugen wir auf die Gedankenarmee ein.
Ich sang immer weiter, aber schon lange keine Lieder mehr, die

ich als Kind gelernt hatte. Aus mir heraus strömte ein kraftvoller Gesang, Worte und Melodien formten sich in meiner Seele.
Immer wieder schafften es wohlwollende Gedanken, mir Nahrung herbeizubringen. War ich müde, streichelten mich gute Gedanken in den Schlaf.

Eines Nachts klang es, als würden Walnüsse geöffnet.
Knack, knack, knack.
Da standen die Qualgedanken vor uns, verwandelt, sie waren ängstliche Kinder, die vor Furcht weinten.
Teddy streichelte die Kinder, der Dackel wedelte sie aufmunternd an, und ich nahm sie in meine Arme.
In dieser Umarmung schrumpften sie zu fast unsichtbarer Größe.

Eines der Gedankenkinder zeigte mir ein kleines Schlüsselchen. Sie liefen meinen Arm hoch, kletterten in mein Ohr, wanderten den Gehörgang hinab, schlossen mit dem Schlüsselchen mein Trommelfell auf, huschten hindurch, schlossen wieder ab, ich fühlte ein Kribbeln im Ohr.
Ein leichter Kopfschmerz ließ mich vermuten, dass sie den Weg bis in mein Gehirn gefunden hatten und sich dort ihren endgültigen Platz suchten.
Plötzlich verlor ich aus der Hockposition das Gleichgewicht, fiel die Treppenstufen herunter, hatte mich an verschiedenen Stellen gestoßen – aber ich war frei.

In der unbekannten Stadt

wartet
die Fremdheit.

Irre werde ich gehen im Gewirr der Straßen
und stranden im Gewoge der Eilenden.
Kein vertrautes Lächeln wird mich retten
und von der Verlassenheit des Bettlers
nur der feine Stoff meines Mantels trennen.

In der unbekannten Stadt
singt eine Frau beim Wäscheaufhängen Lieder.
Kinder essen Eis, ein junger Hund döst unter der Parkbank.
Am Marktplatz duftet es nach Kaffee,
und Sonnenblumensträuße
lachen mich in dicken Bündeln gelb an.

In der unbekannten Stadt
wartet
eine neue Zeit
auf mich.

* Siehe TonSatz-CD *Als Wir Uns Trafen*
Textassoziation zur Musik Nr. 8

Das Weitergehen

ließ mich wachsen.
Jedes Fortschreiten
zeichnete Konturen
von dem, was ich war
und werden wollte.

Das Gehen ließ immer
etwas zurück,
und nicht nur die Umrisse
schärften sich,
auch das Vermissen.

Das Weitergehen
wünscht sich
zu wachsen
im Bleiben.

* Siehe TonSatz-CD *Als Wir Uns Trafen*
Textassoziation zur Musik Nr. 9

Neubeginn

Alles, was nicht geschah,
hinter mir gelassen.
Gewünschtes
in den Fluss geworfen.
Schieflagen geradegelacht.
Auf die Wiese gelegt
und den Jahreszeitenwechsel verschlafen.

Ich schüttle den Schnee ab,
damit der Sommer nicht friert.

Warten auf den Brief

Glück konnte gestreift, orange oder weiß sein. Es wurde von Unbekannten gewogen und auf das korrekte Format geprüft.
Sie mochte nicht an die Hände denken, die danach griffen, als handle es sich lediglich um ein Rechteck aus Papier.
Grau deutete, ebenso wie blasses Blau, auf Unannehmlichkeiten hin.
Diese konnten sich aber auch hinter Weiß verbergen, deshalb prüfte ihr Blick besonders gründlich die Art, wie sich die Zeichen auf der Hülle anordneten.
Buchstaben, die ein Drucker in die Oberfläche gelasert hatte, wirkten gemeinsam mit einem Stempelaufdruck wie Insignien der Macht zu fordern, zu verbieten oder zu bestrafen.
Verlangte der Überbringer eines gestempelten Grau ihren handgeschriebenen Namen, konnte sie sich eines Unwohlseins nicht erwehren.
Dann wollte sie lieber klaglos all die grellen Nötigungen entgegennehmen, die sie sowieso nie öffnete, so dass sich die Altpapiertonne mit sinnlos gefällten Bäumen füllte.
Froschaufkleber auf lindgrünem Hintergrund schienen zu quaken.
Ein Füllfederhalter hatte Schreiben geübt. Dass er b und d verwechselte, entlockte ihr ein Lächeln.
Ob das Glück duften würde?
Sie selbst konnte sich nicht vorstellen, einen Tropfen Parfüm in den geöffneten Papiermund zu träufeln und sich auf diese Weise in die Phantasie des Gegenübers einzuschleichen.
Sie gestand sich jedoch ein, ihren Worten gerne mehr Gewicht zu verleihen. Schwere Blätter boten einer sich schließenden Faust länger Widerstand, manchmal unterstrichen sie auch einfach nur die Ernsthaftigkeit der Botschaft.
Ob die Abendsonne ihr heute einen Brief schreiben würde, damit

das Warten sie nicht in das Schwarz eines aufgedruckten Kreuzes hineinzöge?

Eher fühlte es sich an, als könne das Orange in Streifen zerfallen, sich in Weiß auflösen, diese Farbe, die sich weigerte, eine Aussage zu machen, und hinter der sich alles verbergen konnte.

Sommerwarten

ein wenig leichter
als warten im November.

Sie hatte den Nachtworten geglaubt.
Worten, die nie gefallen waren.
Allein die Hände hatten gesprochen.
Ihre gemeinsame Sprache.
Es gab keine außer dieser.
Weil es keine Namen für das gab, was geschehen war.
Oder, weil alle Namen falsch waren.

Noch heute glaubte sie,
dass diese Augen die einzigen waren,
in die ihr Lächeln sich je verirren könnte.

Ob das Warten erwidert wurde
an einem Fenster in einer anderen Stadt?

Sommerwarten,
ein wenig leichter
als warten im November.

Blau

Dies ist der Ort der Irrtümer, die Stätte, an der jede Bewegung erstarrt.
Hinter der Tiefe, die offener und heller wurde, je weiter meine Schritte ihr folgten, hoffte ich, dein Geheimnis zu finden.
Musste es nicht irgendwo einen Funken geben, ein Rot, dass daran erinnerte, dass etwas in dir auch warm ist und verletzbar?
Dein Blau erschien mir wie die Hoffnung auf etwas Bleibendes.
Feuer sind vergänglich.
Doch ist das, was nichts anderes tut, als zu verharren, nicht bereits tot, obwohl es noch atmet?
Dein Labyrinth täuscht Möglichkeiten vor.
Jede davon endete an schwarzen Steinsäulen. Nur der Wind durchstreift das Eis.
Einst wisperte er im Geäst junger Birken, und meine Haut erinnert sich an die Wärme deiner Hand.

* Siehe TonSatz-CD *Losgehen und Möglichkeiten atmen*
Nr. 10 *Blau* – Musikalisch-literarische Inszenierung

Herbst

Grün
vergilbt.
Liebesgedichte
braungerändert.
Hagebutten
kaum noch zu sehen
unter holunderschwarzem Abendhimmel.
Unser Lächeln
raureifüberzogen.

Unbehagen

in Wolkenschrift geschrieben.
Der Abend zerrt die Helligkeit vom Himmel.
Meine Hände finden den Weg nicht.
Ungesagte Worte
stolpern über die verwischte Kontur des Mondes.
Schweigend starrt dein Rücken meine Augen an.
Die Wolkenschrift verschmiert,
tropft schwarz
auf uns herunter.

Wie schmerzlich

wird es sein,
zu gehen?

Der Blick in den Garten.
Wände, deren Weiß
alle Dunkelheiten aushaltbar
erscheinen ließ.
Hölzerne Dielen,
die mit meinen Schritten
Zwiesprache hielten.
Ein Ofen,
der mich glauben ließ,
es gäbe einen Ort,
der mich wärmen könne.

Wie schmerzlich
würde es sein,
zu bleiben?

* Siehe TonSatz-CD *Losgehen und Möglichkeiten atmen*
Textassoziation zur Musik Nr. 16

Das Feuer

Der Himmel hatte so plötzlich alle Farben verloren, dass die Welt um ihn herum den Atem anzuhalten schien. Windstöße fachten das Feuer heftig an, die Flammen züngelten durch den Rost, als wollten sie ihm ihr Gelb und Orange ausleihen.

„Ich habe gleich gesagt, dass es zu gefährlich ist."
„Sie ist zwar hier geboren, aber das Erbe der Wilden lässt sich eben nicht verleugnen."
„Ihre Verwandten braten wahrscheinlich noch selbst erlegte Antilopen über dem Lagerfeuer, darum reicht ihr ein Elektrogrill nicht."
„Du wirst sehen, bald regnet es. Das müsste sie doch noch besser voraussagen können als der Wetterbericht, wenn sie so mit der Natur verbunden ist."
„Die stört es nicht, nass zu werden. Beim Kaffeetrinken mit Hilde und Gundula ließ sie einfach die Mokkatorte liegen und rannte in den Garten, obwohl es in Strömen goss."
„Wie oft habe ich meinen Karl vor der Hochzeit gewarnt. Aber ihm scheint ihr Essen besser zu schmecken als das der eigenen Mutter!"
„Sie wird ihn schon noch auf andere Art verhexen, die kennen dort allerlei Rezepturen."

Sie könnte die Flammen bändigen, indem sie ihnen einige Scheite raubte und deren Glühen mit dem Wasser der Gießkanne erstarren ließe.
Dies war kein Bratwurstfeuer.
Es fraß sich mit seiner Hitze durch die Spalten aufgeschichteter Basaltbrocken, und die gelben Grashalme hinterließen nur eine schwarze Narbe, denn selbst die Asche stob mit dem Wind davon.

„Wir sollten ins Haus gehen."
„Die Sessel im Wohnzimmer wären doch auch bequemer."
„Das Feuer sollte gelöscht werden, es ist viel zu gefährlich."

Sie war überrascht darüber, wie gut ihr das Wort NEIN gefiel.

* Siehe TonSatz-CD *Losgehen und Möglichkeiten atmen*
Gekürzte Fassung als Liedtext *Das Feuer* (siehe Booklet)
Nr. 9 *El fuego* Vertonung des Liedtextes und Übersetzung ins Spanische
(Übersetzung ins Spanische von Eva Batt und Christina Falk)

Kutteln für die Schwiegermutter

Konservendosen, Zuckerpäckchen und Milchtüten glotzen sie an. So sehr Erika sich beeilt, alle Zutaten in den Wagen zu legen, fühlt sie sich den Leuten um sich herum doch im Wege.
Sie hat sich angewöhnt, zwischen zwölf und ein Uhr einzukaufen, wenn die Mütter den Kindern das Essen auf den Tisch stellen. In dieser Stunde füllen die Verkäuferinnen auch nie das Sortiment auf.
Wenn ihr Puls zu heftig rast, bleibt sie stehen, um tief durchzuatmen. Danach plant sie den nächsten Streckenabschnitt durch das Regallabyrinth.
Es fehlen noch Zwiebeln, Knoblauch, Tomaten, Mehl und natürlich Gewürzgurken. Sie darf nichts vergessen. Salz, Zucker, getrockneter Basilikum und Öl stehen Zuhause in der Speisekammer. Doch was ist mit Kapern? Wenn sie sich nur erinnern könnte. Sollten sie verbraucht sein und sie brächte keine mit, würde er sich bei seiner Mutter für ihre schlechte Küche entschuldigen. Sofern aber doch noch ein Glas im Schrank stünde, würde er die Augenbrauen hochziehen und fragen, warum sie sein Geld nicht gleich zum Fenster herauswarf.
Einmal besorgte sie versehentlich eine doppelte Packung Salz. Sie fand es nicht schlimm, dachte, dass Salz doch nicht schlecht wird. „Das bringst du zurück." Er stand auf, wog das Päckchen wie einen Stein in seiner Hand und sagte leise: „Das bringst du zurück."
Eingelegte Kapern halten sich ebenfalls monatelang. Aber er würde es diesmal nicht dabei bewenden lassen, sie in das Geschäft zurückzuschicken, um das Glas wieder gegen Geld umzutauschen.
In der Kühltruhe neben ihr stapelt sich gefrorenes Geflügel.
Eine Dame lächelt: „Hähnchen in Burgundersauce, ein Traum."
In dem Wagen der Fremden liegt eine Flasche französischer Rotwein.
Erikas Blick schreckt vor den Eiskristallen zurück, die Enten und

Poularden überziehen. Sie fühlt die Kälte des Kühlhauses, in dem er arbeitet. Er wartet bestimmt schon darauf, dass sie den Pansen abholt.

Aber wie soll sie die Tomatensauce für die Kutteln zubereiten, wenn ihr vielleicht die Kapern fehlen?

Die Dame lacht: „Ich helfe Ihnen bei der Auswahl. Nehmen Sie den."

In Erikas Wagen liegt nun ein Hahn. Die Innereien sind bereits ausgenommen und stecken separat in einem Plastikbeutel.

Wie lange ist es her, dass sie den Duft eines Grillhähnchens gerochen hat? Sie kann sich nicht erinnern. Hermann verlangt Rindersteak, nicht zu lange gebraten, es soll noch blutig sein. Oder gefülltes Schweineherz. Wenn seine Mutter zu Besuch kommt, soll sie Kutteln mit Tomatensauce auf den Tisch bringen. Sechs bis zehn Stunden muss der Vormagen einer Kuh gegart werden, bevor er in Streifen geschnitten und gegessen werden kann. Der Gestank setzt sich tagelang in der Küche fest.

Vorgekochte Kutteln vom Metzger darf sie seiner Mutter nicht vorsetzen.

In ihrem Einkaufswagen liegen das Hähnchen und das Lächeln der Frau.

Erika will dieses Lächeln nicht in die Gefriertruhe zurücklegen.

Sie weiß noch, wie das Etikett auf der Weinflasche aussieht.

Hermann möchte ausschließlich Pils, und sie soll Mineralwasser trinken.

Der Rotwein steht drei Gänge weiter, ganz hinten rechts. Den Platz kennt sie genau, weil sie dort schon oft eine Pause eingelegt hat.

Plötzlich lässt sich der Wagen ganz leicht schieben, sie braucht auf dem Weg kein einziges Mal anzuhalten, um durchzuatmen. Sie wartet auch nicht wie sonst ab, bis die anderen Kunden die Auswahl beendet haben, damit sie alleine ist. Zielsicher greifen ihre Hände nach dem Burgunder.

Am Ausgang hängt ein Schild. Weiße Buchstaben auf blauem Un-

tergrund besagen, dass Kühlwaren von der Rückgabe ausgeschlossen sind.
Hermann sieht jetzt auf die Uhr. Das weiß Erika, obwohl sie die Metzgerei noch nicht erreicht hat.
„Du kommst zu spät", wird er sagen. Er wird mit dem Finger auf das Zifferblatt zeigen und die Anzahl der Minuten nennen, die er gewartet hat.
Danach wird er die Hand nach dem Kassenbon ausstrecken.
Sie hat seinen Arbeitsplatz fast erreicht, und sie erinnert sich, dass keine Kapern mehr in der Speisekammer stehen.
In dem Einkaufsnetz liegt kein neues Glas, sondern ein Hähnchen und eine Flasche französischer Rotwein.
Es ist später als sie dachte, alle Metzgereigehilfen sind bereits nach Hause gefahren. Der Parkplatz ist leer, und sie wird mit Hermann alleine sein.
Als sie das Kühlhaus betritt, erwartet sie, dass er Rinderknochen zerteilt. Doch das Beil liegt seitlich auf einem langen Holzbrett neben dem Pansen, den sie holen soll. Sie ist alleine mit den aufgehängten Fleischstücken.
Die Tür zum Gefrierraum ist angelehnt, durch einen Spalt kann sie Hermanns Nacken und den blauweißen Arbeitskittel sehen. Der Kittel ist blutbefleckt, weil heute Schlachttag war.
Leise drückt sie den Griff herunter, schließt die Tür und dreht den Schlüssel um.
Langsam geht sie nach Hause. Sie hat Zeit. Das Hähnchen in ihrem Netz beginnt in der Sonne aufzutauen.

Die Wissenschaftlerin

Dieser Ort erschien ihr einfach nur befremdlich. Alles, was geschah, verwirrte sie, ebenso das, was nicht passierte.
Lag es daran, dass sie die Ursache nicht ergründen konnte, oder an der Art, wie die Dinge vor sich gingen?
In den ersten Tagen schob sie alles auf ihre eigene falsche Wahrnehmung. Eine solche gestand sie sich durchaus zu, denn nach so einer langen Reise konnte der Geist denselben Irritationen ausgeliefert sein wie der Körper, wenn er plötzlich starken klimatischen Veränderungen oder der Schwerelosigkeit ausgesetzt wurde.
Anfangs also lächelte sie über sich selbst, denn selbstverständlich konnte sie das, was sie sah, hörte, schmeckte, roch oder fühlte, gar nicht sehen, hören, schmecken, riechen und fühlen. Es handelte sich lediglich um Einbildungen, ihr Gehirn produzierte Phantombilder, gleich denen, die Verdurstende in der Wüste erblicken.
Als sich jedoch im Laufe der nächsten Wochen nicht die kleinste Veränderung einstellte, und das, was gar nicht stattfinden konnte, dennoch vor sich zu gehen schien, begann sie, sich zunehmend beklommen zu fühlen.
Niemand in ihrer Umgebung verhielt sich so, als ob etwas Besonderes vorfiele.
Alle wirkten ruhig und freundlich, also musste sie die Einzige sein, die diese Geschehnisse zu beobachten meinte.
Wenn außer ihr niemand all dies erlebte, konnte es auch nicht real existieren.
Es wäre also gefährlich, darüber zu sprechen, denn wusste sie nicht von Zuhause, was mit denen geschah, die aus dem Rahmen fielen?
Also tat sie es den anderen nach, verhielt sich besonnen und versuchte den Eindruck zu erwecken, auch für sie habe alles seine Richtigkeit.
Wenn sie schon nicht ihrer eigenen Geistesverwirrung entflie-

hen konnte, wollte sie wenigstens nicht eingesperrt werden oder Schlimmeres. Schließlich hatte sie keine Kenntnis darüber, wie hier mit dieser Angelegenheit umgegangen werden würde.

Dass sie sich niemandem anvertrauen konnte, wurde ihr schmerzlich klar, als sich vor ihren Augen die Gärtnerin, mit der sie ab und zu über Blumen und Gemüse gesprochen hatte, in einen Schmetterlingsflieder verwandelte.

Wer redete schon mit einem Strauch über seine Sinneswahrnehmungen?

Das Gewächshaus wurde zum Habicht, der Steingarten zum Fischtümpel, das Feuerzeug zum blinden Informatikprofessor, der Bräutigam einer Hochzeitsgesellschaft zur zweiten Braut, wer ihr gestern joggend im Wald begegnete, konnte morgen den Weg per Rollstuhl zurücklegen.

Aß sie einen Apfel, den sie vom Baum pflückte, nicht sogleich, konnte stattdessen ein Katzenjunges in ihrem Korb liegen, bis sie Zuhause ankam.

Verehrte ein Priester heute einen bestimmten Gott, so war es wahrscheinlich, dass er am nächsten Tag einen anbetete, der genau den gegenteiligen Himmel versprach.

Alles war in stetigem Wandel, nichts behielt seine Gestalt. Nur die heitere Ausstrahlung aller Wesen schien unerschütterlich zu sein, denn wenn alles zu allem zu werden vermochte, warum sollte irgendetwas gehasst und verfolgt werden?

Angenommen, all dies, was hier zu geschehen schien, wären keine Trugbilder, wäre dann nicht sie die einzige Gefangene, die nicht herauskam aus ihrem Körper, ihrem Denken?

Im selben Augenblick empfand sie eine unbändige Sehnsucht.

Und sie, die immer ernsthaft, korrekt und nach objektiven Forschungskriterien alle Aufträge erfüllt hatte, fand sich Nektar saugend als Hummel in einer Pflaumenblüte, bettelnd als Mundharmonikaspielerin vor einem Kaufhaus und strahlte als Wetterleuchten in der Nacht.

Zügigen Schrittes

eilte ich die Steigung hinauf,
hoffend,
am Gipfel
wohne die Klarheit
weiter Ausblicke.

Täglich neu
überwand ich die eine Hürde,
die mich noch
vom Ziel zu trennen schien.

Mit jedem Irrtum
verdichtete sich die Gewissheit,
es existiert nicht,
das Ankommen.

So setzte ich mich,
betrachtete die Abgründe.
Beobachtete die Schreitenden,
ihre entschlossenen Gesichter.

Murmeltieren und Schlangen
ward mein Anblick bald vertraut.
Als ich so still wurde,
dass die Vögel begannen
in meinem Mantel Nester zu bauen,
war ich Zuhause.

* Siehe TonSatz-CD *Als Wir Uns Trafen*
Textassoziation zur Musik Nr. 6

Nacht

Das schwindende Abendrot, wenn der Horizont dunkelblau wurde und endlich sich selbst im Schwarz verlor, ließ Elfriede Zuversicht fühlen.
Bald brach die Zeit aller Möglichkeiten an; frei konnte sie das Haus verlassen, die Stadt durchqueren und ihre Freundinnen besuchen.
Die beiden warteten bereits. Ihre Ungeduld freute sie, war es doch der Beweis, dass sie ihnen wichtig war.
Rosi hatte Waffelteig angerührt, mit Apfelschnitzen darinnen.
Erika kochte Kaffee, aber nicht in der Maschine; sie brühte ihn auf und wärmte Milch in einem Extratöpfchen. Elfriedes Tasse wurde zu einem Drittel mit Kaffee und zu zwei Dritteln mit Milch aufgefüllt, genau so, wie sie es am liebsten mochte.
Da das Waffeleisen nicht teflonbeschichtet war, musste Rosi gut aufpassen, dass der Teig nicht hängen blieb oder schwarz wurde.

Wenn ihre Tochter leise die Tür öffnete, um nach ihr zu sehen, blieb Elfriede still und mit geschlossenen Augen im Bett liegen. Sie wusste, dass ihr sonst ein Beruhigungsmittel verabreicht werden würde, weil sie schlafen sollte.
Da sie die Stunden der Nacht nicht hergeben wollte, behauptete sie jeden Morgen, sie habe durchgeschlafen.

Rosi und Erika hatten vorgeschlagen, gemeinsam Schlitten zu fahren. Meine Güte, was für eine Idee. Aber die beiden ließen sich ja nie von etwas abschrecken. So waren sie schon damals gewesen.
Heute Nacht wollten sie gemeinsam zum langen Hang hinter dem Wald wandern und abwechselnd ihr Gefährt ziehen. Oben angekommen würden sie sich zu dritt auf den Schlitten zwängen und dann schnell wie der Wind hinabsausen.
Es war ihr nicht bang, herunterzufallen, obwohl der Arzt regelmä-

ßig zur Vorsicht mahnte. „Ein Oberschenkelhalsbruch in Ihrem Alter ist keine Lappalie."

Einmal hatte sie ihrer Tochter von den Treffen berichtet. Bald darauf hörte Elfriede sie auf dem Flur mit dem Arzt sprechen. „Meine Mutter ist heute verwirrt, vielleicht spritzen Sie ihr etwas zur Beruhigung."

Den Fehler, anderen Menschen von ihren wunderbaren nächtlichen Erlebnissen zu erzählen, beging sie daraufhin nie wieder.

Sie gewöhnte sich stattdessen an zu fragen, ob es draußen kalt oder warm sei, was es zum Mittagessen gäbe, oder welche Nachrichten in der Zeitung stünden.

„Der Mutter geht es Gott sei Dank wieder gut", hörte sie die Tochter dem Arzt zuraunen.

Anlässlich ihres neunzigsten Geburtstages kam sogar der Bürgermeister zum Gratulieren. Sie wusste, was von ihr erwartet wurde, also lobte sie die Torten, die Blumengestecke und den Kaffee.

Den ganzen Tag aber freute sie sich auf ihre richtige Geburtstagsfeier.

Rosis Torte käme nicht vom Konditor, sondern wäre selbst gebacken. Erika würde den Milchkaffee genau so machen, wie sie ihn am liebsten trank, und die Blumen hätten die beiden gemeinsam für sie gepflückt. Natürlich nähme sie eine Flasche Marillenlikör mit, und dann spielten sie zu dritt Karten, bis ihnen die Augen zufielen.

Sie lächelte den vergilbten Schwarz-Weiß-Fotografien zu.

Ihre Tochter war dagegen gewesen, als sie diese Bilder aufgestellt hatte.

„Sie sind alle tot, Mutter."

Das schwindende Abendrot, wenn der Horizont dunkelblau wurde und endlich sich selbst im Schwarz verlor, ließ Elfriede Zuversicht fühlen.

Jetzt

Niemand fragte, ob du in die Verwirrung dieser Welt geboren werden wolltest.
Deine Entstehung geschah. Absichtlich oder aus Versehen.
Niemand fragte, ob du ihn wolltest, den Schnitt durch die Schnur, die dich mit dem Leib verband, der dir alles gab.
Vom ersten Atemzug an wurde dir zugeteilt, was andere glaubten, dass es dir zustünde.
Gibt es eine Rechtfertigung, dich zum Bleiben zu zwingen, obwohl du keine Wahl hattest zu entscheiden, ob du in dieses Leben kommen wolltest?

Dein Abend ist angebrochen, der Himmel spannt dunkelblaue Tücher über dir auf.
Dich ängstigt weder die Stille, noch der bevorstehende Weg.
Aus diesem Leben herauszugehen, wohin auch immer, scheint dir kein Grund zur Furcht zu sein.
Aber du willst nicht hinnehmen, dass Fremde dir verweigern zu entscheiden: Jetzt.

Dass selbst die Qualen deines Leibes kein Grund wären, dich zu erlösen, erklären wortreich jene, die keine Schmerzen leiden.
Dein Körper krallt hartnäckig an dir fest, du schreist, weinst und flehst immer die gleiche Frage: „Warum lasst ihr mich leiden, wie ihr es einem Tier nicht zumuten würdet?“
Dann erhältst du Spritzen, deine Worte werden wirr, und du verwechselst die, die um dich stehen.
Du wolltest kein Mitleid, batest nur um Begleiter, Aufrechte, die dir helfen, dem Tod deinen Körper anvertrauen zu können.
Du verlangtest lediglich, selbst die Wahl zu haben.

Du

– im Außerhalb
verstreut, verweht.
Lebensstaubspuren zusammengesetzt.
Dein Mosaik –
leuchtend.

Hexennacht

Sie genoss es, alleine zu sein.
Genau in solch einem Haus wollte sie leben.
Mit Fachwerk vorne und Schindeln an den Seiten, blau gestrichen.
Die Holzdielen in den Zimmern mit Leinöl eingerieben.
Obwohl es eine Heizung gab, stand in jedem Raum ein Holzofen.
Feuer machen zu können gab ihr von jeher das Gefühl von Angekommensein.

Es gehörte sich, in die umliegenden Häuser zu gehen und sich vorzustellen. Die Nachbarn baten einen dann ins Wohnzimmer, welches immer aufgeräumt war, da der Sinn dieses Raumes eben gerade darin bestand, für einen solchen Fall gerüstet zu sein. Auch wenn wochenlang gar nichts geschah, eines Tages konnte es an der Tür klingeln, und da stand kein Vertreter, der abgewiesen werden konnte, sondern ein Nachbar, der Pfarrer oder jemand vom Verein.
Es musste alles gerichtet sein, damit es bei den Leuten nicht hieß, in diesem Haus herrsche keine Ordnung.
Nach dem Besuch im Wohnzimmer der Nachbarn hätte eine Gegeneinladung zu erfolgen gehabt. Entweder am Nachmittag zu Kaffee und Kuchen oder abends zu Brot, Aufschnitt, Krautsalat, Bier und einem Korn. Es empfahl sich, den teuren Markenkorn anzubieten, damit einem kein Geiz nachgesagt werden konnte.

Die Lehmwände zeigten leichte Unebenheiten, genau genommen gab es in diesem Haus keine gerade Wand.

Auf Fußböden wurden Fliesen verlegt, je nach dem individuellen Geschmack quadratisch oder rechteckig, weiß oder grau.

Im Garten blühte Schmetterlingsflieder. Rund um das Grundstück setzte sie Heckenrosen, Holunder und Haselnuss-Sträucher.

Die Furchen für das Saatgut grub man entlang einer gespannten Schnur, denn es war wichtig, dass Mohrrüben, Radieschen und Kohlrabi in Reih und Glied wuchsen.

Der Landwirt von gegenüber, der das Feld oberhalb ihres Gartens seit Jahr und Tag bewirtschaftete, ärgerte sich, dass die Fremde die Pacht nicht verlängern wollte. Sie konnte doch nicht allen Ernstes auch noch dieses Stück Land mit einheimischen Gehölzen bepflanzen, nur damit später irgendwelche Vögel dort nisten würden!

Den Zugezogenen stand offen, ob sie der freiwilligen Feuerwehr, dem Gartenbauverein, dem Chor oder den Landfrauen beitreten wollten.

Vereine hatten die Frau noch nie interessiert. Sie traf sich nach der Arbeit in der Stadt mit ihren Freundinnen, oder diese kamen zu ihr.

Wenn der Verteiler des Gemeindeblättchens demnächst bei ihr klingeln würde, wäre dies ein Wohnzimmeranlass. Er müsste hereingebeten und zu einer Tasse Kaffee oder einem Glas Bier eingeladen werden. Danach würden alle erfahren, wie es bei der Frau im Haus aussah.

Der Dorfschreiner zählte, wie viele Fenster in dem Haus noch Einfachverglasung hatten. Sie bat ihn, aber auch seinen Kollegen im Nachbarort, um einen Kostenvoranschlag für deren Erneuerung. Das Angebot aus dem Nachbarort war günstiger. Es war das erste Mal, dass ein fremder Schreiner im Dorf arbeitete.

Die Hunde im Ort liefen frei herum. Die meisten hatten schon mal ein Kaninchen gejagt, mancher auch ein Reh erwischt. War dies von anderen gesehen worden, meldete man sich beim Jagdpächter und bezahlte den Schaden. Fühlte man sich unbeobachtet, wurde das Wild mitgenommen, Zuhause kühltruhen-

fertig zerlegt, und beim Sonntagsmahl grinsten Ehefrau und Ehemann sich zufrieden beim Verspeisen des Bratens an.

Sie grüßte alle Leute freundlich und lobte das Wachstum der Pflanzen in deren Gärten. Auf die Idee, die Nachbarschaft in ihr Haus einzuladen, kam sie nicht, denn sie lernte Menschen gerne langsam kennen.

Eine Frau über dreißig sollte verheiratet sein und ein Kind haben. Zwei Kinder wären besser, drei aber eher zu viele. - Hatte die Fremde denn nicht mal einen Freund?

Noch bevor die Frau beim Spaziergang den jungen Rehbock entdeckte, hatte ihr Hund ihn durch einen Kehlbiss getötet. Sie teilte dem Jagdpächter den Sachverhalt mit und bezahlte, was dieser verlangte.
Der Landwirt, der die Angelegenheit beobachtet hatte, meldete den Vorfall bei der Polizei.
Es war das erste Mal, dass im Dorf eine Anzeige wegen eines Wildschadens erfolgte.

Samstags musste die Straße gekehrt werden, das war unabdingbarer als der sonntägliche Kirchgang. Letzteren ließen vor allem die jungen Leute öfters einmal ausfallen. Gekehrt wurde immer.

Man bemerkte, dass die Frau zwar jeden Samstag die Straße kehrte, aber sie hatte die schönen Koniferen des Vorbesitzers ausgegraben und Ebereschen dafür eingesetzt!

Kinder grüßten Erwachsene zuerst. Gegrüßt wurde laut und vernehmlich, und zwar jeder, ob bekannt oder fremd.

Mütter schoben den Kinderwagen schneller, wenn die Zugezogene ihnen auf der Straße entgegenkam und beeilten sich, um die nächste Ecke zu biegen. Die Kinder erhielten keinen scharfen Verweis, wenn sie die Fremde nicht grüßten.

Am Abend vor dem Ersten Mai zündete die Jugend ein großes Feuer an. Alle kamen, aßen gegrillte Bratwurst und tranken Bier. Später zog das Jungvolk durch den Ort, hängte Gartentore aus, trug Blumenkübel auf andere Höfe und trank noch mehr Bier.

Die Frau ging zum Maifeuer, angelockt von den hochlodernden Flammen, die sie vom Garten aus gesehen hatte.
Als sie nach Hause zurückkehrte, lagen herausgerissene Seiten einer gewissen Zeitschrift auf Treppe und Grundstück verstreut. Abbildungen, bei denen alle im Dorf bei Gott geschworen hätten, so etwas Unanständiges überhaupt noch nie gesehen zu haben.

Es war Hexennacht.

* Siehe TonSatz-CD *Losgehen und Möglichkeiten atmen*
Nr. 5 *Ich hatte gedacht* – Komposition zum Text

Die Verleihung

Helene berührte mit dem Finger die Schrift und konnte die Zeilen gar nicht oft genug lesen.
Ihr sollte die Ehrennadel mit Buch und Goldstück verliehen werden.
Natürlich ging es dabei nicht nur um eine Ehrung. Es bedeutete, dass sie als Schriftstellerin endlich auch finanziell honoriert werden würde.

Warum nur hatte ihr niemand vorher mitgeteilt, dass die Feierlichkeit im Stile eines Kostümballes abgehalten wurde? Als Einzige ohne Verkleidung den Saal zu betreten, vermittelte ihr das Gefühl von Schutzlosigkeit.
Sie betrachtete die anderen Gäste. Fischkostüme schienen besonders in Mode zu sein. Aber weshalb verkleideten sich die Damen und Herren dann nicht phantasievoll als Heringe, Barsche, Lachse und Sprotten, sondern ausschließlich als Aale?
Es gab noch zwei weitere Kostümfavoriten, nämlich Wolfsmaulmasken und Hasenanzüge.

Von hinten tippte jemand an ihre Schulter.
„Verzeihung, Sie sind geladen?“
„Ja, hier ist der Brief.“
Ihr Gegenüber nickte und deutete auf die Garderobe.
„Bitte suchen Sie sich etwas aus.“
Die Aalvariationen fand sie langweilig und das Vogelspinnengewand, auf welches er zeigte, geradezu abscheulich. Nachdem sie auch noch die dargebotene Vipernhaut ablehnte, zog er eine Narrenkappe mit Glöckchen hervor.
„Die dürfte zu Ihnen passen.“
Es ertönte ein Gong, und die Verleihungszeremonie begann.

Auf der Bühne öffnete ein mit Fischstäbchen-Krawatte geschmückter Aal einen Schrein. Beim Anblick des darin aufgestellten überdimensionalen Goldstückes verbeugten sich die anwesenden Gäste tief.

Nun rief der Krawattenaal den seit Jahren erfolgreichsten Lyriker des Landes auf die Bühne. Dieser trug einen Hasenanzug, und daran heftete die Ehrennadel mit zwei Goldstücken.

Er begann darüber zu referieren, warum in der Sparte „Lyrik" die Zweiernadel die höchste zu erreichende Auszeichnung sei, im Gegensatz zur Belletristik, in der eine Steigerung bis zur Zehner möglich wäre.

„Die Leserschaft entscheidet! Mit Lyrik werden schließlich nur zwei Prozent der Gesamtgewinne im Verlagswesen erwirtschaftet."

Schließlich versicherte der alte Hase, er wäre bis an sein lyrisches Ende ein armseliger Poet geblieben, wenn nicht der Lektor seines Verlages ihn in die große Handwerkskunst des Gedichteschmiedens eingeführt hätte.

Als sich daraufhin ein grauhaariger Wolf erhob, standen alle Anwesenden auf und klatschten anhaltend.

Der Hase bat seinen Meister, auch die anderen Kollegen im Saale an seinem Schatz langjähriger Erfahrung teilhaben zu lassen. Dieser nickte und zeigte auf allerlei Utensilien, die schon auf der Bühne bereitstanden. Kaum lüftete er den Deckel einer großen Truhe, stiegen Rosenduft, Seifenblasen, blaue Wölkchen, rote Herzen, ein wenig Nachtschwärze und allgemeine Lebensweisheiten daraus hervor.

Einige der Ingredienzen rührte der Wolf in einen Topf, erhitzte diesen und füllte den Sud sodann in Auskühlformen.

„Liebe Gäste, ein gutes, sprich verkäufliches Gedicht muss eine exakte Passform erhalten. All jene, die eine Nadel mit Goldstücken erringen wollen, müssen jedes einzelne Wort bis auf das Mikrogramm genau abwägen. Eine Prise zu viele Seifenblasen, und die Kritiker tun das Gedicht als seicht ab. Ein einziges Molekül zu

viel Dunkelheit hingegen lässt es garantiert in den Schreddern der Verlage landen.
Nicht ganz so vorsichtig braucht mit Wolken und Herzen verfahren zu werden, doch sollten Sie diese unbedingt feiner dosieren, als es Ihre Leser bei eigenen poetischen Versuchen vermögen würden.
Bei den Lebensweisheiten hingegen ist Großzügigkeit sogar Gebot. Denn nichts schätzt die Leserschaft höher als das, was sich allgemeiner Bekanntheit erfreut."
Zum Schluss nahm der Wolf ein abgekühltes Gedicht aus der Form und hob es hoch, als abschreckendes Beispiel für garantierte finanzielle Erfolglosigkeit.
„Kunst!" höhnte er.

Ein kleiner, vor Öl triefender Aal wurde von dem Krawattenaal auf die Bühne geleitet.
Der Wolf wandte sich erneut dem Publikum zu.
„Es gibt drei Wege zu den Goldstücken. Den ersten hat dieser junge Dichter beschritten, er ist ein Naturtalent."
Öl-Aal wurde zu der Truhe geführt, dort verband man ihm die Augen. Es gelang dem Anwärter mühelos, blind eine Mischung herzustellen und in eine Form zu gießen.
Das Ergebnis wurde vom Meister gemessen, gewogen und unter die Lektorenpresse gelegt. Schließlich hob er das Gedicht begeistert in die Höhe.
„Absolut exakt gearbeitet, die perfekte Norm. Wir gratulieren!"
Das Publikum spendete Applaus.
Damit die Zuschauer zur Nachahmung ermutigt würden, stellte das Naturtalent in großem Tempo ein Normgedicht nach dem anderen her.
Die Gäste raunten vor Bewunderung, denn wie schaffte es der Nachwuchsautor bloß, ständig mit anderen Worten dasselbe zu sagen?

Nun wurde ein junger Hase nach vorne gerufen, dessen Fell sogar noch seidiger glänzte als das des alten Lyrikhasen.
Krawattenaal erklärte: „Unser nächster Anwärter befindet sich auf dem zweiten Wege des Erfolges."
Glanzhase öffnete eine Schachtel. Helene vermutete, er werde Gedichte daraus hervorholen. Stattdessen entnahm er wortlos Visitenkarten und wirbelte diese wie ein Jongleur in der Luft herum. Dann räusperte er sich und begann, das Alphabet rückwärts von Z-A zu deklamieren.
Im Anschluss an diese Darbietung verlas der Wolf Ausführungen wichtiger Literaturkritiker bezüglich der Leistungen des Anwärters.
Besonders wurde darin hervorgehoben, dass dieser eine neue Gattung erschaffen habe, nämlich die Fragmentlyrik. Die Kritiker erklärten, das Gedicht sei bereits per Definition eine inhaltliche Verdichtung, die kürzeste aller literarischen Formen. Die Fragmentlyrik wiederum stelle ein geistiges Destillat der Poetik dar, und die formale Beschränkung auf einzelne Buchstaben zwinge die Menschen zu neuem Bewusstsein. Mit anderen Worten, nur die intellektuellsten Denker des Landes würden fähig sein, diesem literarischen Quantensprung zu folgen.
Ehrfürchtig nickte die Gemeinschaft der Poeten und murmelte: „Z, Y, X, W, V, U."

Helene spürte, wie jemand sie am Ärmel fasste und mit sich zog. Es war der Krawattenaal.
„Verehrte Herrschaften, nun darf ich Ihnen die einzige Dame vorstellen; sie ist zugleich ein Beispiel für den dritten möglichen Weg zum Erfolg."
Der Wolf deutete auf ein Rad, an dem ein Glasbehälter hing. Dieser war gefüllt mit Papierblättern.
„Da die ersten beiden Wege zum Erfolg nur wenigen vorbehalten sind, gibt es noch das Rad der Fortuna. Dieses Verfahren zeichnet

sich durch absolute Gerechtigkeit aus, denn es beruht allein auf Zufall und Glück. Liebe Helene, Sie sind also das Glückskind der diesjährigen Nadelverleihung."

Auf dieses Stichwort hin unterbrach eine publikumsintegrative Tanzperformance durch das Poesie-Ballett seine Rede. Schornsteinfeger trieben mit besenlangen Plastikkleeblättern eine Schweineherde durch den Festsaal.

Nach Beendigung dieses Kulturbeitrages forderte der Wolf die Nadelanwärterin zur Übergabe ihrer Gedichte auf.

Zunächst schritt er damit in Richtung Lektorenpresse, dann schüttelte er jedoch das Haupt und blieb stehen.

„Hier reicht es nicht, die Konturen abzuschleifen. Nichts davon passt in eine Verlagsschublade."

Ein Fingerschnippen genügte, und ein Schmiedehammer wurde auf die Bühne gebracht.

Der Meister hob das Werkzeug hoch und holte zum Schlag aus.

Die Gedichte begannen, um Hilfe zu rufen.

Eines schüttete eimerweise Lebensschatten gegen den Angreifer, die Farbe Rot schrie, er sei ein Verräter der Kunst, die Schneide des Tagmondes stellte ihm ein Bein.

Die Anwärterin raffte so schnell sie es vermochte die Gedichte zusammen und rannte durch den Saal in Richtung Ausgang.

Das Publikum glaubte, es handle sich um die Fortführung der Poeten-Performance und forderte begeistert eine weitere Zugabe.

Mit zerknitterten Blättern in der Jackentasche lief Helene ohne Goldstück-Nadel nach Hause.

Die Glöckchen der Narrenkappe läuteten leise, und ihr Klang lockte unverkäufliche Gedichte an.

Kapuzinerkresse

Sie blickte von ihrem Heft auf und sah aus dem Fenster. Wenn sie Glück in einem Bild festhalten könnte, dann wäre es genau dieser Moment.
Allein mit ihrem Heft zu sein, hieß sprechen zu können. Denn Stille bedeutete, keine Stimmen und Münder konnten ihr zu nahe rücken, und sie alleine bestimmte, welche Richtung ihre Schriftzeichen nehmen sollten.
Die Nachbarn hielten sie für eine einsame Dame, da nie Herrenbesuch von ihr empfangen wurde.
Sie zog jedoch unbeschriebene Blätter jedem Manne ganz entschieden vor.
Das Weiß des Heftblattes verschwamm mit dem Blau des Himmels, und sie warf ihre Gedanken gleich freigelassenen Vögeln aus dem offenen Fenster.

Im Nachbarhaus schräg gegenüber machten es sich Farben auf dem Balkon bequem.
Oleander, Clematis und Kapuzinerkresse legten sich rosé, violett und orange auf einer Leinwand nieder.
Die Gedankenvögel setzten sich auf die Balkonbrüstung und beobachteten die Hand der Malerin. Diese Hand hielt nichts fest, sondern ließ die Luft durch sich hindurchströmen, so dass die Farben sich auf der Leinwand leicht beugten, als ob ein Windhauch die Köpfe der Blüten bewegte.
Die Künstlerin bot ihren Beobachtern ein gefülltes Schälchen dar. Vorsichtig nippten die Gäste an dem Orange und ließen es die Kehle herunterrinnen.

Orange Gedanken fühlten sich verwegener an als das Hellblau, welches bisher im Kopf der Frau kreiste.
Diese Malerin wagte es ganz offensichtlich, Gelb und Rot zu mi-

schen und ihre Kapuzinerkresse bis zu den Balkonen fremder Menschen wachsen zu lassen.
Die Vögel weigerten sich plötzlich, Lieder vom fernen Meer zu singen. Selbst die Freiheit der Wolken beargwöhnten sie erstmals. Stattdessen schüttelten sie ihr Gefieder aus und besprenkelten alle Zimmerwände mit der Farbe, die sie gekostet hatten.

Die Malerin lächelte der Frau am Fenster zu, und diese warf ein oranges Gedicht zurück.

106

Draußen November.
In mir April und Juli.
Wir begegnen uns.

Fragen

Dunkel glänzend,
eingebettet
in Blau
liegen die Fragen.

Wird die fremde Hand
einen vertrauten
Abdruck hinterlassen,
bedeckte Haut
sich bloßlegen,
unruhiger Atem
tief?

Von deinen Lippen
berührt
beginnt
mein Mund
zu ahnen.

Die Fragen
lächeln
mir Antworten
zu.

* Siehe TonSatz-CD *Losgehen und Möglichkeiten atmen*
Nr. 13 *Fragen* – Liedkomposition zum Text

Trommelwirbel

Wo ist die Fremde?
Ist es der Ort, an dem Zimtstangen wachsen oder Muskatnüsse gedeihen?
Erkenne ich sie am Trommelschlag auf gespannte Tierhäute, am Klang ausgehöhlter Holzstäbe?

Wo ist Zuhause?
Ist es der Gedanke, dass es etwas gäbe, was zu mir gehört oder ich zu ihm?
Träume von einem Ort, einem Menschen, der mehr Bedeutung hätte als eine vorübergehende haben sich eingenistet und flüstern mir Melodien ein.

Ich werfe dir Trommelwirbel zu, du fängst den Rhythmus auf und lässt die Tonleiter Saltos schlagen.

* Siehe TonSatz-CD *Losgehen und Möglichkeiten atmen*
Nr. 17 *Redobles de tambor* – Liedkomposition zum Text, übersetzt ins Spanische (Übersetzung Eva Batt und Christina Falk)

Staunen

Wie könnte ich
nicht
staunen
über die Stille
dieses Glücks.

In mir leichtes Zittern
gleich dem der Blätter
im hohen Baum,
vom Wind geliebt.

Meine Hände,
noch immer
berührt
von deiner
Zartheit.

Wie könnte ich
nicht
staunen
über das Glück
dieser Stille.

* Siehe TonSatz-CD *Losgehen und Möglichkeiten atmen*
Nr. 14 *Staunen* – Liedkomposition zum Text

Später

ist der Name des Zeitpunktes, der vortäuscht, der Richtige zu sein.
Grau wartet ab, was geschehen wird.
Schwarz will, dass alles bleibt, wie es ist, und schwarz wird deshalb alles enden, was sich zu keiner eigenen Farbe bekennt.
Gelb ist die Vorhut des Zweifels, verlockt Blau, das Leben aus grüner Perspektive zu betrachten.
Lange genug über quer liegende Gedanken gestolpert.
Losgehen und Möglichkeiten atmen.
Heute ist der Tag, an dem etwas geschehen kann.

* Siehe TonSatz-CD *Losgehen und Möglichkeiten atmen*
Nr. 20 *Losgehen und Möglichkeiten atmen* – Liedkomposition zum Text

Christiane Schwarze:

Geboren 1960 in Uslar. Lebt heute in Homberg/Ohm. Arbeitete langjährig als Logopädin in eigener Praxis, seit Unfall ausschließlich schriftstellerisch tätig.

Aufgenommen in folgenden Vereinigungen: *Verband Deutscher Schriftsteller (VS), Literaturgesellschaft Hessen, BVjA und Schreibwerkstatt Marburg.*

Eine Besonderheit stellt das große literarische Spektrum dar, in dem sich die Autorin bewegt. Die Bandbreite reicht von Kurzgeschichten, Erzählungen, Lyrik, lyrischer Prosa, Kurzkrimis, Märchen, Satire bis hin zu Liedtexten.

Medienpräsenz in Fernseh- und Radiosendungen.

Über 100 musikalisch inszenierte Lesungen im gesamten Bundesgebiet, u.a. mit ihrem *Duo* **TonSatz.**

Fünf Bücher erschienen seit 1997 im Mauer Verlag:

1997 Und zum ersten Mal liebte sie sich selbst
1999 Meine Tage wurden wie schimmernder Opal
2000 Ripp Wurzeltroll
2002 Frau mit Hund und Stock
2003 Losgehen und Möglichkeiten atmen
2013 Alle fünf Bücher als *Edition Christiane Schwarze* neu aufgelegt

Drei dieser Bücher wurden von der Deutschen Medienkommission ausgewählt und erschienen zusätzlich in Braille-Schrift bzw. als Hörbuchversion für Blinde.

Über 200 Einzelveröffentlichungen in Literaturzeitschriften und Anthologien. (Deutschland, Österreich, Dänemark, Schweiz)

Preise:

2000 Anerkennungspreis im Rahmen des *Wolfener Literaturpreises.*
2001 Siegerin bei *Story des Monats* beim Wettbewerb der *benchpress.*
2001 Beim *benchpress*-Wettbewerb *Kurzgeschichte des Jahres* Jurywertung und Publikumswertung jeweils zweiter Platz.
2003 wurde ihr Kurzkrimi *Tonerde* als einer der fünf besten Texte für den *Friedrich-Glauser-Kurzkrimi-Preis* nominiert.
2008 *Dorstener Lyrikpreis* vierter Platz.
2009 Zweiter Preis beim *Schreibwettbewerb des Ceranius-Verlages* und der *Literaturzeitschrift Veilchen.*
2012 Siegerin beim *Literaturpreis der Stadt Wolfsburg.*
2013 Zweiter Platz beim *Literaturpreis Antho? - Logisch!* (im Rahmen des LESEN!-Festivals 2013, in Kooperation mit der Stadt Fürth)

Tonträger:

2001 Als Wir Uns Trafen / Duo *TonSatz*
Musikalisch-literarische Hörbuch-CD
Mauer Verlag

2003 Losgehen und Möglichkeiten atmen / Duo *TonSatz*
Musikalisch-literarische Hörbuch-CD
Mauer Verlag

2013 Wie ein Augenzwinkern der Zeit / Duo *TonSatz*
Musikalisch-literarische Hörbuch-CD
Mauer Verlag

Information – Kontakt:

Website: www.christiane-schwarze.de
E-Mail: chrisschwarze@t-online.de

Bücher/Tonträger können über den Mauer Verlag oder handsigniert bei der Autorin erworben werden.